U0555022

西汉武要北原长城要塞

北魏皇帝巡幸阴山驻跸之所

辽朝兴宗河曲之战集结大军之地

大蒙古国窝阔台汗征金九十九泉行营

——辉腾锡勒草原

辉腾锡勒草原访古

内蒙古自治区文物考古研究所 编

张文平 袁永明 主编

文物出版社

图书在版编目（CIP）数据

辉腾锡勒草原访古 / 张文平主编；内蒙古自治区文物考古研究所编. –北京：文物出版社，2017.10

ISBN 978-7-5010-5122-9

Ⅰ.①辉… Ⅱ.①张… ②内… Ⅲ.①文物－考古－内蒙古 Ⅳ.①K872.26

中国版本图书馆CIP数据核字(2017)第140586号

辉腾锡勒草原访古

编　　者　内蒙古自治区文物考古研究所

主　　编　张文平　袁永明

封面题字　张守中

责任编辑　李　飏

责任印制　陈　杰

责任校对　孙　雷　安艳娇

出版发行　文物出版社

地　　址　北京市东直门内北小街2号楼

邮　　编　100007

网　　址　http://www.wenwu.com

邮　　箱　web@wenwu.com

制版印刷　北京荣宝燕泰印务有限公司

经　　销　新华书店

开　　本　787mm×1092mm　1/16

印　　张　16.25

版　　次　2017年10月第1版

印　　次　2017年10月第1次印刷

书　　号　ISBN 978-7-5010-5122-9

定　　价　150.00元

《辉腾锡勒草原访古》

主　　编　张文平　袁永明
副 主 编　丹达尔　马登云

参加调查的主要人员（按姓氏笔画排序）
七十四　马登云　丹达尔　白志文　刘雪峰
李化冰　李恩瑞　张文平

序 一

　　这是一部研究阴山山脉一个特殊地区——灰腾梁的考古学著作，读起来，感到很新颖。新颖之处在于，它研究的是一个区域，而不仅仅是一座古城、一块墓地、一处遗址。这个区域，不是常说的行政范围，像县、市、省这样的政区，而是由自然因素与人文历史因素共同合成的自成体系、自我完整的地理单元。所以，这不仅令考古学者感兴趣，也令历史地理学者感兴趣。

　　可以看出，这一研究工作是从长城考察开始的，作者对于灰腾梁一带的长城遗址的考察研究，是本书整体的基础，或最初的出发点。在书中，我们读到了详细的、系统的长城考察研究报告，作者对于长城遗址的时代、长城形态，进行了深入的探索，提出了多项创新见解。例如对于北魏"御苑"墙体应为长城的问题、北魏烽燧卫戍线的问题，书中都认真地进行讨论，并拿出了新的观点。这对于学术研究的发展，具有很大的意义。

　　长城不是单纯的一个延绵的墙体，而是属于一套系统的防御性军事工程，进而发展为长城文化。作者在对灰腾梁长城的研究中，体现了这一全面性的认识。从长城墙体的建筑材料（土、土石混合），到烽燧结构（墩、坞、积薪垛），从烽台的布局到障城的设立，均进行细致的考察、考证。如作者所说："由于长城的各类遗迹保存较为完备，可以使我们近乎完整地复原西汉时期灰腾梁之上的长城防御体系，这在全国范围都是仅见的。"的确，对于灰腾梁及其关联地区的长城体系的研究，达到了长城研究的新高度。

但是，作者的研究兴趣并没有限于长城，而是向区域的更加广阔的内涵拓展。作者写道："最初编撰本书的想法，是对灰腾梁汉长城作一个全面的展示。但随着编撰工作的深入，灰腾梁及其周边其他时代丰富精彩的历史也深深地吸引了我们，于是范围扩充得越来越大，形成了一个灰腾梁历史发展的全景式展示。"

所谓"全景式展示"，就是对整个区域历史遗迹以及历史记载的全面考察，这就把研究的范围大大扩展了。首先，在历史时段上可以看到，从长城时代——战国、秦代、汉代，到一度以灰腾梁地区为活动中心的拓跋鲜卑部落及其建立的北魏王朝，一直延续到清代、近现代。这样，一部灰腾梁的千年尺度的历史被呈现出来。作者进一步告诉我们，随着历史大背景的改变，灰腾梁的地位随之变化。有时，灰腾梁是军事要地，修建了长城，布置了烽堠。从汉代密集分布的烽燧来看，灰腾梁是当时重要的防御地段。有时，灰腾梁是安宁的，是北方民族的游牧地，其九十九泉的景色还吸引了一代代君王，成为他们驻跸、避暑的场所。而由于君王的出场，使灰腾梁具有了不容忽视的政治意义。

在研究中，作者对一些关键的地点、地名进行了辨析，对一些重要的历史地理问题进行了考证研究，提出了对于北魏东木根山、牛都、长川等一系列位置或方位的看法。这些问题的明确，对于认知灰腾梁的历史地理价值是很有帮助的。

从历史地理的角度看，还有一个早期出现的问题，虽然在书中不是重点，却也相当重要。2014年4月28日，内蒙古文化厅对外发布消息：察右中旗库伦苏木克力孟嘎查以北约500米处发现的新石器时代遗址，初步确认属于仰韶文化庙底沟类型，距今约6000~5500年。察右中旗是内蒙古自治区乌兰察布市所辖的一个旗，位于阴山北麓，大约在北纬41°6′~41°29′，而库伦苏木又位于察右中旗北部边缘。在如此偏北的地区发现中原庙底沟文化类型的新石器时代遗址，一方面说明中原早期文化北传的力度，另一方面也说明当时气候偏暖的特征。这对于研究古今气候变化是十分重要的证据。可以说，灰腾梁地区是研究北方阴山地区历史气候变化的一个突破点。

最后，还要强调一下本书在对阴山研究上的贡献。阴山是中国北部的名山，历史名气很大。不过，在许多历史叙事中，都把它概念化地理解为一种巨大的天然的屏障，其意义只在于分割两个大地理单元，分割两种经济，进而分割两个民族。另外，阴山似乎总是与战争一起被描述，被认识，被记忆。现在，越来越多的学者认为，这种阴山概念是错误的。

其实，阴山具有经济上与文化上的丰富性。汉代的人就曾经说过，阴山是匈奴的"苑囿"，阴山宽阔的山地，为匈奴及北方各族人民提供了大量的木材、石材。阴山的山谷地区还可以种植农作物，而许多山坡地带更是良好的牧场。古代人们是如何对阴山进行综合利用的？庞大的阴山山地的不同地段各有什么地理特色、历史特色和文化特色？阴山南来北往的交通路线又是怎样形成的？这一类问题长期未受到足够的关注。正因为此，这一部专门研究阴山灰腾梁地区的专著便显得格外重要。我们希望不断有对于阴山的深入研究问世，把这座具有世界文化意义的名山真实的、丰富的历史展现出来。

"如今，驻足于灰腾梁之上，人们流连其壮美的景观，殊不知我们脚下的每一片土地，都承载着太多的历史沧桑，尽管无言，却是厚重！正是文物考古工作者栉风沐雨，跋山涉水的辛勤付出，才使得先人的遗迹能够被我们感知。"作者的感受是真实的。考古工作与一般的历史研究不同，他要付出更多的田野工作的艰辛。这些正是我们对于考古工作者要特别赞赏与尊敬的地方。

唐晓峰

2017年4月5日于北京五道口嘉园

序二

　　打开张文平先生的书稿，不禁有些愕然。记得两年前，我们一起去灰腾梁看长城。没有想到，仅仅两年的时间，他在繁忙的行政工作之余竟完成了一部考证灰腾梁历史的作品。待看过之后，沉思多日，遂草就以下文字，权做文平先生此《辉腾锡勒草原访古》一书的引子吧。文平先生说为序言，那就称序言也未必不可。

　　假日偶陪外地友人游览辉腾锡勒高山草原风光，应是在认识文平先生很早之前的事情。但开始跨越当下时空认识灰腾梁，应是与文平一起看灰腾梁长城，特别是看完文平的这一文稿后。同时对文平先生认识也更深了一步。初始认识文平，是2006年内蒙古作为第三次全国文物普查试点的三个省市之一之时。当接到国家文物局普查试点文件后，需要成立自治区文物普查办公室，当时我请时任自治区文物考古研究所所长的塔拉先生推荐一名办公室常务副主任，条件是年纪轻、人品好、业务强。塔拉所长毫不犹豫地推荐张文平。由于我们不愿意再单独搞什么叠床架屋之类的机构，自治区文物考古研究所的职能中本来就有文物调查研究之项，承担"三普"办公室工作具有天然合理性。所以，自治区文物局将"三普"办公室放在考古所，由考古所直接负责，文物局宏观领导。张文平先生也就走马上任自治区"三普"办公室常务副主任。不久，国家文物局部署的长城资源调查工作也开始了，内蒙古也需要设立长城资源调查办公室。长城资源调查本应为"三普"中的一部分。因为长城是世界文化遗产，而且是世界上最长的线性文化遗产，世界知名度很高，所以国家作为单独项目进行调查。我们还是顺风顺水，仍然把自治区长城资源调查办公室放在了考古所，办公室常务副主任也由张文平担任。在自治区文物局组织的请自治区党委、政府领导出席的简短而隆重的长城资源调查出征仪式之后，张文平先生具体负责组织协调的长城资源调查工作即扎扎实实、有条不紊地开展起来。现在，"三普"和长城资源调查的田野工作早已结束，成果的整理出版正在进行中，其中长城资源调查成果计划出版8集，现在已经出版了5集。后续除出版调查成果外，研究成果无疑将有很多。文平为此付出的辛劳不言而喻。当然，文平先生的工作，也得到了自治区文物局和自治区文物考古研究所的信任和鼎力支持。

我看完《辉腾锡勒草原访古》，陷入沉思，想起一句话：没有永远完备的知识，只有永远不息的学者。这个意思是在哪个学者的著作中看到的，我已记不得了，但我相信它是真理。灰腾梁上长城遗址，李逸友先生调查认为是北魏御苑遗址。后来我们一些著作凡涉及此者，均从御苑之说。李逸友先生是内蒙古考古事业的奠基者之一，学术上在内蒙古影响很大，在国内文物考古界也有较高知名度。他关于御苑的认识，在张文平之前尚无疑论。在我前述与张文平去看灰腾梁长城时，文平边走边介绍从卓资县三道营古城到山上的墙体、烽燧、障城等遗址，结合遗物得出时代的认定依据，我觉得很有道理。这次看《辉腾锡勒草原访古》文稿，见其对北魏道武帝和明元帝到九十九泉驻跸时间的推论及关于《魏书·太祖纪》中"造"字字义的研究，文平观点论据充足，逻辑严密。联系阴山南麓战国赵北长城与阴山一线汉长城的关系及汉代的多处城址，我认为文平先生认定灰腾梁上半环形墙体遗迹为西汉长城，具有很大的可靠性。国家文物局派专家考察确认为西汉长城，也是必然的结果。

文平虽是位年轻的学者，但他的治学态度却不可小觑。其表现，一则是尊重科学的精神，在有充足证据的前提下，敢于对前辈老先生的观点提出否定意见，而不是因尊重老前辈而对其观点噤若寒蝉，这是学界应坚持的科学精神，特别是当下，难能可贵。李逸友先生认定有误，在当时的考古条件及其他种种复杂原因的局限下，出错并不奇怪。如果后人发现错了而不去纠正，那就不正常了或者说不正道了。文平对自己尊敬的前辈李逸友先生把西汉长城误认为北魏御苑的学术偏差予以纠正，恰恰反映了他做人做学问的品格。曾痴心于考古事业的李逸友先生在天有知，定会兴奋不已。二则是锲而不舍的研学精神。灰腾梁汉长城，本是内蒙古7570多公里长城中的一段，我本以为认定之后即告结束。没想到文平先生由此生发开去，从新石器时代始，经战国赵北长城、汉长城、魏晋北朝、隋，至辽金、蒙元时期、明清以来灰腾梁及周边文化遗址，做了诸多研究，并把中国文物信息咨询中心的袁永明副研究员拉进来一起探究。

现在放在我面前的这部文稿，可以说是一部辉腾锡勒草原简史。我以为，学者就像探寻知识大海的人，沿着一条流向大海的小河走下去，走着走着腻了，倦了，于是停在一个河湾，乘凉休息了。这种人永远到不了大海。只有那些不知疲倦、一直兴致勃勃向前的人，才能到达汪洋大海，获得海洋般的知识，为国家和人类的前行服务。文平先生还年轻，前面的路还很长，看了此文稿及他的一些学术研究成果，觉得他已表现出一种锲而不舍的精神。祝愿他不在绿树成荫、景色宜人的河湾驻足，而是一直向着浩瀚的知识大海奔去。

刘兆和

2017年1月于呼和浩特

目 录

引 言 1

盛夏的北京，溽暑难耐。京藏高速公路上，出京大军车流如织。在众多的出行者当中，很多人的目的地便是400多公里以外的辉腾锡勒草原。

辉腾锡勒草原位于内蒙古自治区乌兰察布市卓资县、察哈尔右翼后旗（以下简称察右后旗）和察哈尔右翼中旗（以下简称察右中旗）三个旗县交界之处，是一处典型的高山草甸草原。20年前，"辉腾锡勒"还鲜为外人所知，如今，因其天然避暑胜地的独特优势而成为著名的旅游目的地（图1-1）。

有意思的是，当地人直到现在一般也不用"辉腾锡勒"这四个字来称呼这里，而是称其为"灰腾梁"。"灰腾梁"

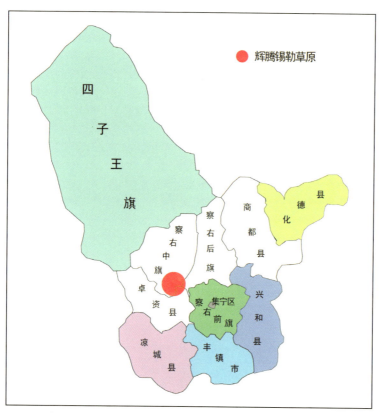

图1-1　乌兰察布市行政区划图——辉腾锡勒草原位置

图1-2　灰腾梁上南望，沟谷中呈现白色的，便是蜿蜒的道路，古来上梁必经之所在

是蒙古语"灰腾"（khuiten）和汉语"梁"组成的复合词，意为"寒冷的山梁"；而辉腾锡勒（khuiten shil）则为纯蒙古语译音，与灰腾梁的意思是相同的。将"灰腾"改为"辉腾"，应该是所谓语言的"雅化"，适应旅游发展及对外宣传的需要。在当地土话中，"灰"这个字，不仅是一种颜色，而是具有一定负面意义的评价。比如，"灰人""灰猴""灰眉醋眼""灰麻不溜"等等，尽管您未必明了其确切含义，想必也能会心一乐。如今，我们身在他乡的游子，每次回到灰腾梁，都感到说不出的亲切。毕竟那里留下了儿时记忆中的无数难忘瞬间，留下了走出家乡之前的诸多怀想（图1-2）。

　　事实上，在广袤无垠的内蒙古大草原上，叫"辉腾锡勒"的地方并非仅此一处。比如，锡林郭勒盟锡林浩特市以南大约40公里，也有一处辉腾锡勒草原，是锡林浩特九景之一。究其得名的原因，应该同样来自当地冬季寒冷异常的气候特点。但名气更大的显然是乌兰察布境内这一处。冷到什么程度？有人说，寒冬腊月端上一盆水往上一泼，掉到地上便是一堆碎玻璃。这个说法虽然近乎笑话，却很形象。事实上，包括辉腾锡勒草原在内、阴山山脉及其以北的乌兰察布高原，冬季因受干燥寒冷的蒙古冷高压控制，气温很低。1月份最冷，平均气温为$-17℃$至$-13℃$，每年的极端最低气温多在$-35℃$以下。而且，低温日数多，$-20℃$至$-10℃$的大寒日数70天左右；$-30℃$至$-20℃$的严寒日数大多在35天以上。寒冷期（日平均气温$≤0℃$）大部分地区从10月末开始到第二年3月末4月初结束，长达5个月。冬季风速大，大风日数多，并经常有冷空气入侵，形成降温、降雪、大风或风雪交加的寒冷天气，常常造成冻灾、雪灾、风灾。即便是在全球气候变暖的当下，不必等到寒冬腊月，来自西伯利亚的寒流就经常发威，时不时掀起狂风暴雪。这种极端天气来临之时，狂风大作，漫天搅雪；四方上下，陷入混沌。即令咫尺之外，亦如坠洪荒，概莫能辨。一夜风雪过后，住屋甚至完全被积雪埋没。户牖为积雪所塞，室内暗无天日。

毛泽东主席在《念奴娇·昆仑》一诗中写道："飞起玉龙三百万，搅得周天寒彻。"虽然描绘的是数千里之外的昆仑山，但用于冬天的灰腾梁，同样也很适宜。当地居民把这种极寒的恶劣天气名之为"白毛风"或"白毛糊糊"，可谓形象生动至极。就连素来熟悉这种反复无常气候的他们，即便是白天，也不敢轻易出门。在没有羽绒服的年代，如果不得已要外出，往往要身着白茬子老羊皮[1]做成的皮袄、皮裤，头戴皮

---

1 未经精细加工而只经过基本熟化加工的羊皮。皮张及其加工程序往往不够精细，毛粗皮厚。东北、北方、西北等地区的农牧民多用以制衣，且不挂布面。羔羊皮一般不能胜任。这种服装有时被称作老羊皮光套子。

帽，足蹬大头鞋，全副武装之后，裸露的部分只有双眼，方敢冲出门外。这等装束与北极的爱斯基摩人相仿。这些服装鞋帽可都是带毛的，而且毛冲里，长长的毛直接贴着肉，或者隔着衬衣衬裤包裹着身体，早年间，这是保暖的关键；如今的高档裘皮大衣，毛往往冲外，恰恰与此相反。此外，还得带上热水、干粮、肉或肉干儿，往往还要备上高度白酒。即令如此，置身其中也充满了危险。如果防寒措施不够充分，用不了多久，身体的热量就会流失，感觉到的就只有刺骨的寒冷，寒意越来越深。所以，这种天气非常危险，因此而发生冻伤甚至丧命的也并非个别。著名的"草原英雄小姐妹"所遭遇的正是这种极寒天气，只是位于灰腾梁西北数百公里的达尔罕茂明安联合旗，与灰腾梁同属乌兰察布高原，幸而龙梅、玉荣最终获救，整个过程撼人心魄，感动了全国人民。这也从一个侧面使我们了解到冬季内蒙古高原所固有的大自然的伟力，尽管它带着天生的暴力。

从地理学上来看，灰腾梁属于阴山山脉东段，是一个特定的地理概念，与辉腾锡勒草原还不能混为一谈。表面上，阴山山脉东西横亘，在很多小比例尺的地图上，径直将其画作一条直线。现实中的阴山山脉，是十分复杂的，详细、系统的研究成果至今尚未见到。这里，我们只讲灰腾梁。从呼和浩特平原向东，有蛮汉山大体呈南北向分布，呼和浩特平原北部的大青山再向东似乎受到了蛮汉山向北的挤压，一路向东北方向偏移，在今天乌兰察布市卓资县旗下营镇的东侧开始形成相对独立的灰腾梁山系，旗下营镇至察右中旗科布尔镇之间的山间谷地为大青山与灰腾梁的分界线。灰腾梁的东端在霞江河谷地，霞江河由北向南，注入霸王河，霸王河再向南注入黄旗海。霞江河谷地以东，为一列大致呈南北走向的山地，由北向南有岱青山、红山、苏木山等不同名称，北部山势平缓，呈丘陵地貌，越向南山势越显险峻。灰腾梁的南侧，东面为黄旗海盆地，中部为哈达图谷地，西面为大黑河谷地。从灰腾梁向北，为乌兰察布草原。

灰腾梁属熔岩台地地貌，大部分山峦顶部地势平坦辽阔，总体形状为大体呈西南—东北向分布的一个长方形，东西长约80公里，南北宽约25公里。海拔高度在1500米以上，主峰海拔高度为2113米，平均海拔高度在1900米左右，西段的海拔较高，越往东海拔越低。山梁南北两侧，海拔高度陡降将近1000米。由卓资县县城卓资山镇北上到达梁顶，不到20公里的路程，从海拔高度1300米左右一跃而至2000米左右。而从梁顶向北驱车前往察右中旗旗政府所在地科布尔镇，也就是一刻钟左右的车程，海拔却速降500米以上。尤其是在刚刚下梁的起始段，仅仅3公里，道路却修筑成"之"字形，显然是为了避免直线修路的坡降比太大而导致安全隐患。海拔高峻，使得灰腾梁具有冬长夏短、日温差和年温差较大的特点。这种山地气

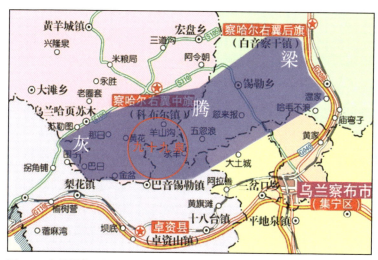

图1-3　灰腾梁位置图

候和高原气候条件，形成了内蒙古中南部地区仅有的典型高山草甸草原——辉腾锡勒草原。

辉腾锡勒草原只是灰腾梁的一部分，具体位于卓资县巴音锡勒镇与察右中旗科布尔镇之间方圆20公里左右的范围之内，山顶地势广阔平坦，湖泊星罗棋布，形成灰腾梁的核心区域。在本书中，我们以辉腾锡勒草原作为研究的重点，同时涉及整个灰腾梁，甚至包含灰腾梁周边的部分区域。灰腾梁周边的部分区域，有灰腾梁东段南侧、黄旗海北侧的黄旗海盆地，有灰腾梁南侧的哈达图谷地、大黑河谷地，有灰腾梁北侧的察右中旗后大滩、察右后旗中部草原，它们在历史上都与灰腾梁有着紧密的联系。当然，本书取名《辉腾锡勒草原访古》，立意还是在辉腾锡勒草原，这一区域自古以来一直以"九十九泉"的雅名流传于世（图1-3）。

如果从高空俯视辉腾锡勒草原，你会发现，这片草原有着众多斑斑点点的反光。尤其是在盛夏季节，宛若无边绿毯上的一面面明镜。这些"镜子"是什么呢？当你走到近处，便可看见这一面面"镜子"原来是一个个小型湖泊——当地人称"海子"或"旱海子"。这些湖泊的平面多呈不规则的圆形，面积大小不等，直径多在数十米至1500余米之间，深3~10米。其形成可推至远古时期的地质时代，火山喷发和地壳运动形成密布高原的死火山口，这些死火山口在风沙淤积之后积储雨水，形成众多小型的高原湖泊。历史上，这个湖泊群以"九十九泉"的名称一直被记载下来，今天仍然沿用。虽名为九十九泉，但这些湖泊的具体数量远远超于99个，其名称往往不能确指。部分湖泊有过命名，较小的有石门海子、鸿雁海子、马尾海子、死牛海子等等；较大的有小青海子、狼刷海子、贾家海子、阎家海子、调角海子、三连海子等等。

有学者认为，将湖泊称为"海"或"海子"，最初见于北魏，但在全国范围内普遍采取这一命名方式是在元代，而且此后习用这一做法[1]。距离灰腾梁数百公里之外的北京，地名中常有一些带"海"字的。如城中心的北海，中海，南海（中海和南海合称为中南海），什刹海（包括前海、后海、西海）；圆明园中的福海；南苑的南海子，海户屯等。远郊区平谷，有海子水库，如今则以"金海湖"之名而成为休闲度假的胜地。大兴，有地名叫作"海子角"。这些带有"海"或"海子"的地名，经明清两代流传至今，正是北方游牧民族文化与中原文化融合的具体反映。因而，灰腾梁与北京之间的关系，绝非牵强连互，而是由来有自。有意思的是，有学者认为，《水经注·漯水》记载的29处北京市域内的水名，也有一处在历史上叫作"九十九泉"，其地在北京市延庆县境内的卧牛山以西[2]。

据说，每个海子都有一个美丽的传说。当年，辉腾锡勒草原上的九十九泉是游牧民的天堂，波光粼粼的海子散落在无边的绿毯上，游牧者将其视为上苍赐予的珍贵礼物，由衷赞叹、深怀敬畏。可是，如今当人们来到这里，会发现这一切发生了很大的变化。持续多年的干旱少雨，已经使大多数湖泊接近或已经干涸，很多海子只留下干涸的湖盆，只有一圈圈水面下降形成的湖岸线提醒着人们湖水曾经到达的高度，让人怀想这里原本的容颜。不过，海子终究是海子，即便不再波光潋滟，湖盆内的草长得也是茂盛，越到底部，草长得越好，草色

1 尹钧科、孙冬虎：《北京地名研究》，北京燕山出版社，2009年版，第208页；张燕来：《北京地名和地域文化》，《北京社会科学》2006年第2期；张燕来：《北京地名的语言学考察》，北京语言大学硕士学位论文，2000年，第12、24页。

2 尹钧科、孙冬虎：《北京地名研究》，北京燕山出版社，2009年版，第38页。

图1-4 灰腾梁上密集的风力发电机

也绿得越深，尤其与周边略显萧疏的草原相比，这种感觉更加明显。

　　由于海拔较高，常年多风，在十多年前，当地将风力发电作为重要产业加以大力发展。如今，国家又积极推动清洁能源作为发展模式转变的动力之一，力图以此促进社会的可持续发展。目前，风力发电机几乎布满整个灰腾梁，风机搅动着灰腾梁，颇为壮观，被视为这一处凉爽的草原旅游胜地的新景观（图1-4~图1-6）。

图1-5　灰腾梁风电夏日景观

图1-6　初秋时分的灰腾梁

　　但是，太过密集的风力发电机也在一定程度上破坏了美丽辽阔的草原风光。如何在经济建设和原生态景观、文化遗产保护之间取得协调，是摆在全社会面前的重要问题，应予以重视并下大力气解决。这也是我们编写本书的初衷，希望通过对灰腾梁文化遗产的宣传，引起社会各界，尤其是地方政府对保护灰腾梁、保护灰腾梁文化遗产的关注。

全区重点文物保护单位

北魏御苑遗址

内蒙古自治区人民政府立

北魏御苑应是汉代长城 2

很久以来，灰腾梁及其周边地区一直是我国北方民族重要的生息活动地带。早在史前时期，灰腾梁以北的广袤区域就有人类活动。1972年9月，由中国科学院古脊椎动物与古人类研究所、北京大学历史系考古专业、内蒙古博物馆及内蒙古文物工作队组成的联合调查组，对内蒙古大青山后的石器时代遗址进行了调查。联合调查组对察右中旗大义发泉村的细石器文化遗址进行了调查和试掘，其年代被认为距今七八千年[1]。2014年4月28日，内蒙古文化厅对外发布消息：察右中旗库伦苏木克力孟嘎查以北约500米处发现的新石器时代遗址，初步确认属于仰韶文化庙底沟类型，距今6000～5500年。此后，文物考古工作者发现，经历了史前的洪荒岁月之后，经过数千年的风雨，在灰腾梁南北，历代留下的遗存依旧为数众多，有一些保存尚好。

相比而言，灰腾梁上的历史活剧似乎有些沉寂，这可能与其地理位置、气候条件等方面的特殊性有关，毕竟此地漫长的冬季很不适合人类生活。在大自然的伟力面前，人总是渺小的。青铜时代的遗迹，目前尚未发现。东周以降，战国赵武灵王"胡服骑射"，建立过不世功烈。但标志其势力向北扩张的赵北长城，恰恰沿着灰腾梁南麓，于大黑河北岸逶迤而行，并未一跃上梁。或许一代雄主赵武灵王也曾策马执杖，跃上咫尺之遥的灰腾梁，可目前尚无任何证据坐实这一猜测。秦代由蒙恬北击匈奴开疆拓土，但灰腾梁上并非其兵锋所及的范围，这一地带未见秦长城遗迹。由于国寿短祚，秦朝对内蒙古中南部地区的统治，主要是占据了呼和浩特平原及阴山以北的北假中。而从呼和浩特平原向东，则主要退居于灰腾梁以南的永兴盆地、岱海盆地、黄旗海盆地及东洋河支流银子河北岸

---

1 内蒙古自治区博物馆文物工作队：《察右中旗大义发泉村细石器文化遗址调查和试掘》，《考古》1975年第1期。

一线。秦代的灰腾梁，依然是游牧民族的天下。但游牧民族由于其生活特性，逐水草为生，造毡庐而居，很难形成可以长期留存的遗迹。即便曾经有过某种遗迹，最多经历一个或数个寒暑，甚至用不了一年，便湮没于荒烟蔓草之中，无从寻觅……灰腾梁上的这种沉寂，终于在西汉时期被打破，此后，数个王朝在此经营，多位帝王曾经驻跸。而见证这些历史风云的，便是灰腾梁上众多的古迹。

在这些遗迹当中，最引人瞩目的，是一道呈"几"字形蜿蜒分布且将灰腾梁核心地带包围起来的墙体遗迹。说起这道墙体遗迹，并非最近才被人发现。在20世纪80年代开展的第二次全国文物普查中，乌兰察布盟文物工作站与卓资县文物管理所的文物工作者，于1987年对灰腾梁长城墙体东段的山下起始延伸段落进行了调查，认为是战国赵长城的北线部分[1]。在此之前，已故长城研究者、内蒙古清水河县广播站高级记者高旺先生，已经对灰腾梁之上的墙体遗迹做过考察，认定其为长城。在他撰著的《内蒙古长城史话》一书中，列有"辉腾梁长城"专节[2]。高旺先生将灰腾梁之上的墙体遗迹专称为"梁北长城"，对其时代的判断则模棱两可，推测"可能建于秦汉时代"，又说"但戍堡也有可能是汉代所筑，而长城则是后来例如北魏时修筑的"。最后认为，"究竟梁北长城是何时所筑，尚待进一步考证"。

1996年秋和1997年夏，著名考古学家、内蒙古自治区文物考古研究所研究员李逸友先生，受《中国文物地图集·内蒙古自治区分册》主编郭素新先生的委托，复查和追寻全区的长城遗迹，以补充、修正第二次全国文物普查的资料。在

---

1 李兴盛、郝利平：《乌盟卓资县战国赵长城调查》，《内蒙古文物考古》1994年第2期。

2 高旺：《内蒙古长城史话》，内蒙古人民出版社，1991年版，第176～182页。

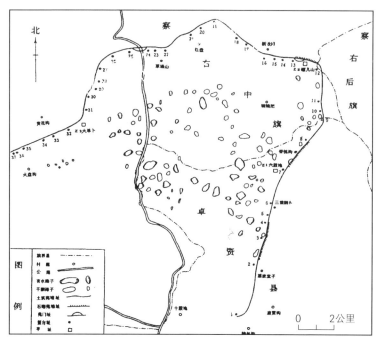

图2-1　《北魏九十九泉御苑遗址》一文中的"北魏九十九泉御苑遗址分布图"

乌兰察布地区调查期间，李逸友先生细致考察了灰腾梁之上的墙体遗迹，提出了"北魏九十九泉御苑遗址"的观点[1]（图2-1）。李逸友先生之所以将这些遗迹断定为"北魏九十九泉御苑遗址"，除去他对遗迹本身特点的认识之外，最主要的在于李逸友先生将有关北魏皇帝巡幸九十九泉的文献记载直接与这些遗迹相对应，且未排除"御苑遗址"在断代时的其他可能性。李逸友先生是内蒙古文物考古界的老前辈，在全国文博界也声名卓著，因此，他的这个观点发表之后，也就基本成了定论。2006年，内蒙古自治区人民政府将"北魏御苑遗

1　李逸友：《北魏九十九泉御苑遗址》，《内蒙古文物考古》1998年第1期。

图2-2 "北魏御苑遗址"保护标志

址"公布为第四批内蒙古自治区文物保护单位；2007年，还在一座障城旁边竖立了保护标志牌，明确称其为"北魏御苑遗址"（图2-2）。

但从前几年开始，这个定论逐渐被打破。2013年7~8月，设在内蒙古自治区文物考古研究所的内蒙古自治区长城资源调查项目组，在编撰《内蒙古自治区长城资源调查报告·北魏长城卷》的过程中，对"北魏九十九泉御苑遗址"做了复查。在复查的过程中，对相关遗迹遗物的性质取得了更深入的认识，发现该遗址并非一处所谓的御苑，而是一道大略呈"几"字形分布于灰腾梁之上的汉长城。内蒙古自治区长城资源调查项目组在乌兰察布市博物馆、察右中旗文物管理所的配合下，按照国家文物局长城资源调查的相关规程，对该道长城重新做了详细调查。汉长城的三要素——墙体、烽燧、障城，灰腾梁长城一应具备，烽燧、障城中采集的陶片、瓦片等遗物亦均具有汉代特征。

李逸友先生将灰腾梁上的长城墙体等遗迹认定为北魏御苑，主要依据了《魏书·太祖纪》中有关"九十九泉"的一条记载：北魏道武帝拓跋珪于天赐三年（406年）八月"丙辰，西登武要北原，观九十九泉，造石亭，遂之石漠"。《北史·魏本纪第一》也有同样的记载[1]。李逸友先生认为，六股地、螺儿山、大阳卜等三处小方城便是北魏道武帝所筑之石亭。这些石亭加上围墙、望台等，构成了一座规模宏大的北魏御苑（图2-3）。《北魏九十九泉御苑遗址》一文中还发表了在大阳卜遗址采集的筒瓦和板瓦的拓片，判定其年代为北魏[2]。

那么，《魏书·太祖纪》记载的"造石亭"究竟是怎么一回事呢？我们注意到，《魏书》及《北史》中对道武帝拓跋珪在"武要北原"上活动的这一段记述，连续用到了"登""观""造""之"等四个动词。从古汉语的遣词造句方式来看，"造"所表达的意思，应与"观""之"近似，是"到、去、造访"的含义，而非"建造"。建造，亦非"造"字本义[3]。如《周礼·司门》有云："凡四方之宾客

1　《北史·魏本纪第一》有的版本关于此条史料的记载，将"造石亭"写作"造古亭"。《北史》的此条史料明显抄自于《魏书》，出现"造古亭"的用法有三种可能：其一，《魏书》原作"造古亭"，《北史》原文实录；其二，《魏书》原作"造石亭"，《北史》纠正为"造古亭"；其三，《魏书》原作"造石亭"，《北史》误作"造古亭"。只要是第一种、第二种可能，北魏道武帝在灰腾梁之上游览汉长城的史实，就更加确凿无疑了。

2　李逸友：《北魏九十九泉御苑遗址》，《内蒙古文物考古》1998年第1期。

3　《说文解字》释"造"："造，就也。""造"亦有制造、制作等含义，但《魏书》中关于"建造"意思的表述，多用"起""筑""建"等名词，而不见用"造"者。《魏书·太祖纪》中，道武帝拓跋珪在天赐三年（406年）"二月乙亥，幸代园山，建五石亭"。这里的"建"，即建造之意；这里的"石亭"，应当是指供皇帝休憩的凉亭一类建筑。

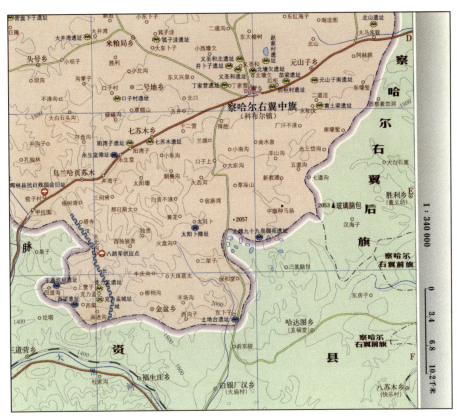

图2-3 《中国文物地图集·内蒙古自治区分册》（上册）中标示的"北魏九十九泉御苑遗址"

造焉。""造石亭"的"造"，与此处的"造"意思相同。"石亭"指的是灰腾梁长城沿线的烽燧。"造石亭"所表述的，正是北魏道武帝在灰腾梁上避暑期间游览前朝胜迹的如实记载。

第二个问题，北魏王朝是否曾在灰腾梁之上修建过御苑呢？道武帝拓跋珪于天赐三年（406年），西登武要北原、观九十九泉、造石亭的巡幸活动，是目前见到的关于灰腾梁、九十九泉和灰腾梁汉长城的最早历史记载。道武帝于八月丙辰（十三日）上梁，之后的活动是"九月甲戌朔，幸漠南盐池"[1]。"九月甲戌朔"经推算为"九月初一",大致以此作为道武帝离开灰腾梁的时间,那么他在灰腾梁之上驻跸有半月之久。此后,明元帝拓跋嗣从牛川南还之时,路经九十九泉。泰常元年(416年),"秋七月甲申,帝自白鹿陂西行,大狝于牛川。登釜山,临殷繁水而南,观于九十九泉。戊戌,车驾还宫"[2]。从七月初九至七月二十,在这12天之内,明元帝主要是在牛川进行了大规模的狩猎活动,在九十九泉只作短暂停留。

除上述道武帝拓跋珪、明元帝拓跋嗣在灰腾梁上的活动之外,史籍再未见有其他北魏皇帝登临灰腾梁的记载。而且,明元帝只是顺路观九十九泉,只有道武帝驻跸的时间稍长。通览《魏书·太祖纪》,道武帝于公元386年在贺兰部的支持下,于牛川复国。牛川在今察右后旗韩勿拉河流域一带,为道武帝常幸之地,建有牛都[3]。在公元398年迁都平城之前,道武帝居无定所,是一个"行国",行都除牛都外,还有定襄之盛乐(或曰云中,在今呼和浩特平原大黑河流域)、纽垤川(今呼和浩特市武川县北部一带)、意辛山(今四子王旗乌兰哈达七层山)以及公元391年在今鄂尔多斯地区建立的河南宫(今准格尔旗十二连城)等。

迁都平城之后,道武帝仍然几乎每年夏天巡幸漠南及阴山地区。一方面当时北方草原上有高车、柔然等敌对部落,需要巡察北疆安全;另一方面也和鲜卑人作为游牧民族的生活习俗有关,赶着家畜追逐水草丰美的草原,同时开展大规模的校猎活动。道武帝即位的牛川,原来主要是贺兰部的游牧地。道

1 [北齐]魏收:《魏书·太祖纪》,中华书局点校本,1974年版,第43页。
2 [北齐]魏收:《魏书·太宗纪》,中华书局点校本,1974年版,第56页。
3 《魏书·外戚列传·贺讷》:"(慕容)垂遣子麟讨之,败染干于牛都,破讷于赤城。"

武帝初年，对贺兰部推行了部落离散的政策，分而治之。后于公元390年破贺兰部，完全掌控了牛都。灰腾梁地处牛都之南，只是道武帝、明元帝巡幸阴山或者牛都行程中的一个驻跸之所，或游览前朝长城，或观赏九十九泉，所谓的"御苑"既不见于史料记载[1]，又缺乏考古调查的支持。

从另一个角度来讲，鸠工筑苑虽非大兴土木，也不是小型建设。即便仅仅是较小的"石亭"，其所需人力物力也颇为靡费。即以李逸友先生所述较小的螺儿山亭址（长城调查重新命名为五道沟障城）而言，也有一定的规模："亭址平面呈方形，边长25米；墙身先用土筑，外表包砌石块，基部宽约8米、顶部宽约3米、残高达8米，西墙正中有宽约5米的门址。"可以肯定，在短短的十余天内造就这样的一座障城，实不可能。遑论规模更大者。

正是通过《魏书·太祖纪》道武帝"西登武要北原，观九十九泉"的记载，考古工作者考证出分布于灰腾梁西南大黑山之下的三道营古城为西汉定襄郡武要县县治[2]。据《汉书·地理志》记载，西汉定襄郡下辖东部、中部、西部三个部都尉，管理定襄郡的边防军事，东部都尉治武要县[3]。灰腾梁汉长城，属于西汉定襄郡东部都尉辖区。依据居延汉简对汉代边防体系的研究，部都尉之下设有候官、部、燧三级军事建制[4]。从灰腾梁汉长城的分布范围与规模来看，应当是西汉定

---

1 据《魏书·太祖纪》，道武帝迁都平城的次年，曾在平城东北的白登山以西一带建立鹿苑，"以所获高车众起鹿苑，南因台阴，北距长城，东包白登，属之西山，广轮数十里"。天兴六年（403年），又建造了犲山离宫。如果以九十九泉作为御苑，是不可能没有明确记载的。

2 李兴盛：《内蒙古卓资县三道营古城调查》，《考古》1992年第5期。

3 [东汉] 班固：《汉书·地理志第八下》，中华书局点校本，1962年版，第1620页。

4 陈梦家：《汉简所见居延边塞与防御组织》，《考古学报》1964年第1期。

襄郡东部都尉治下的数个候官辖区。

三道营古城位于进入大黑河谷地的一个重要控扼点之上，北侧有大体呈东西走向的战国赵北长城，东侧有大体呈南北走向的蛮汉山汉长城，后者为汉高祖十一年（公元前196年）新设立的定襄郡的东界。汉武帝元朔二年（公元前127年），卫青北击匈奴，修缮了秦代蒙恬所筑的阳山长城，灰腾梁长城应当于卫青修缮阳山长城之后不久修筑。西汉灰腾梁长城的修筑，将水草丰美的高山草原包围起来，占据了防控匈奴的东北角制高点。到东汉时期，随着武要县建制的撤销，灰腾梁长城也随之一并放弃。

最初编撰本书的想法，是对灰腾梁汉长城作一个全面的展示。但随着编撰工作的深入，灰腾梁及其周边其他时代丰富精彩的历史也深深地吸引了我们，于是范围扩充得越来越大，形成了一个灰腾梁历史发展的全景式展示。当然，本书介绍的重点，还是我们新认定的灰腾梁汉长城。但讲灰腾梁的历史，还得首先从战国赵北长城说起。

战国赵北长城 3

公元前307年，赵国于赵武灵王在位时期，发动了"胡服骑射"的变革，开始向内蒙古中南部地区发展势力。当时，在这一地区活动的部族有林胡、楼烦等，他们均已发展到了游牧阶段，史籍统称之为戎狄。公元前300年，赵武灵王北破林胡、楼烦，"筑长城，自代并阴山下，至高阙为塞。而置云中、雁门、代郡"（《史记·匈奴列传》）。赵国一举将内蒙古中南部地区纳入其管辖范围，并沿燕山山脉、阴山山脉的南麓修筑了东起今乌兰察布市兴和县与河北省尚义县交界处、西至今巴彦淖尔市乌拉特前旗乌拉山西端一带的长城。相对于赵国以前"属阻漳、滏之险"（《史记·赵世家》）修筑的赵南长城，这道长城一般被称为赵北长城，亦称作赵武灵王长城。

调查发现的战国赵北长城的东端起点，位于今乌兰察布市兴和县城关镇脑包窑村东1.8千米蒙冀交界处，由此向西北方向延伸，贯穿于乌兰察布市、呼和浩特市、包头市、巴彦淖尔市的阴山山脉南麓地带，西端止于巴彦淖尔市乌拉特前旗白彦花镇张连喜店村北侧、乌拉山大沟沟口东侧400米处的小红石沟。大沟沟口两侧山峰高耸，为赵北长城的西端终点高阙所在。此高阙为"阴山高阙"，有别于汉代的"阳山高阙"（今乌拉特中旗石兰计山口）。赵北长城全线分布于今内蒙古境内，总长500余千米。

在卓资县境内，战国赵北长城总体上沿着灰腾梁之南的哈达图谷地、大黑河谷地延伸，以卓资山镇为向南突出的基点呈 V 形走向。卓资山镇以东，赵北长城所在的哈达图谷地大体呈东北—西南走向，大部分区域宽阔平坦，赵北长城选择在谷地的中部穿行。卓资山镇以西，大黑河穿行于灰腾梁之南的山谷中，山间河谷崎岖狭窄，赵北长城选择在大黑河北岸狭窄的山前台地之上穿行。卓资山镇以东的赵北长城分布线路，沿线村落较多，一条东西向的乡间公路正好建筑在部分地段的长城墙体之上。卓资山镇以西的赵北长城分布线路，与京包铁路

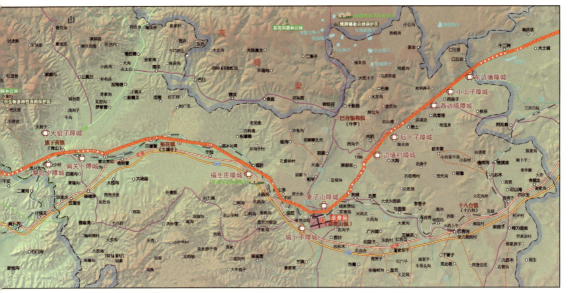

图3-1 卓资县战国赵北长城及障城分布图

的穿行区域绝大部分相重合，近代以来长城即多因修筑铁路而被破坏。在长城资源调查中，调查卓资县境内的赵北长城墙体73.797千米，其中土墙长15.58千米，石墙长1.1千米，消失段落长57.117千米。在长15.58千米的土墙段落中，还有消失部分1.05千米（图3-1、图3-2）。

卓资县战国赵北长城墙体沿线，共调查障城11座（表3-1）。卓资山镇以东调查5座，由东向西依次为东边墙障城、小山子障城、西边墙障城、后卜子障城（图3-3）、边墙村障城。卓资山镇周围调查2座，由东向西分别为桌子山障城、城卜子障城。卓资山镇以西调查4座，由东向西依次为福生庄障城、偏关卜障城、大窑子障城、察哈少障城。

卓资山镇以东的5座障城，除小山子障城外，绝大部分保存较为完好，大体可反映出赵北长城沿线障城的基本配置状况。这5座障城，具有以下共同特点：其一，均倚赵北长城墙

图3-2 卓资县官营盘段赵北长城墙体(东北—西南)

体修筑，障城北墙即利用了长城墙体；其二，相邻障城之间的直线距离，在5～7千米；其三，障城墙体均系土筑，平面形制均大体呈方形或长方形，规模普遍不大，如较大的东边墙障城面积为52米×45米，较小的边墙村障城边长30米。

　　卓资山镇是赵北长城的一个拐点所在，地理位置较为重要，大黑河的几条支流也在这里汇聚。位于卓资山镇周边的桌子山障城与城卜子障城，与卓资山镇以东的5座障城稍有差异。桌子山障城位于大黑河北岸的桌子山山顶之上，所在地势居高临下，面积也较以上几座障城稍大，平面呈方形，边长70米。桌子山障城始建于战国时期，到汉代成为灰腾梁汉长城设置于大黑河沿岸的一个前沿据点，主要发挥候望的作用。

　　城卜子障城东北距桌子山障城3.5千米，位于大黑河南

表3-1 卓资县战国赵北长城障城统计表

序号	名称	具体位置	形制	面积
1	东边墙障城	巴音锡勒镇东边墙村东北1.6千米	长方形	东西长52米 南北宽45米
2	小山子障城	巴音锡勒镇小山子村东北1千米	不 详	遗物散布在方圆100米范围之内
3	西边墙障城	巴音锡勒镇西边墙村中北部	方 形	边长35米
4	后卜子障城	巴音锡勒镇后卜子村北430米	梯 形	北墙长46米 南墙长58米 东、西墙长53米
5	边墙村障城	卓资山镇边墙村西北70米	方 形	边长30米
6	桌子山障城	卓资山镇北侧桌子山山顶前沿	方 形	边长70米
7	城卜子障城	卓资山镇城卜子村东部	方 形	南北长188米 东西宽180米
8	福生庄障城	梨花镇福生庄村西南150米	不 详	遗物散布在方圆100米范围之内
9	偏关卜障城	旗下营镇偏关卜村东侧	不 详	遗物散布在方圆80米范围之内
10	大窑子障城	旗下营镇大窑子村西580米	不 详	遗物散布在方圆200米范围之内
11	察哈少障城	旗下营镇察哈少村东北400米	不 详	遗物散布在方圆50米范围之内

图3-3 后卜子障城航片

图3-4 城卜子障城北墙夯土层

图3-5　城卜子障城出土的陶片

图3-6　城卜子障城出土的板瓦、筒瓦

岸的平地之上，扼守卓资山小盆地的西口，大黑河自此向西开始进入灰腾梁与蛮汉山之间的峡谷之中。1995年、2010年，内蒙古自治区文物考古研究所等单位曾两次对该障城进行了局部的清理发掘，明确城内遗存属于年代较为单纯的战国时期[1]。障城平面略呈方形，南北长188米，东西宽180米。夯筑城墙，基宽约5.7米，残高约3.5米。南墙中部开门，方向为152°（图3-4）。出土遗物以陶器为主，器形有盆、碗、罐、瓮、甑等，纹饰多为粗绳纹、弦纹（图3-5）。出土板瓦、筒瓦多饰绳纹、麻点纹，也有弦纹（图3-6）；瓦当有勾云纹、璜纹两种装饰（图3-7）；还出土有布币、铜镞等（图3-8、图3-9）。1995年的发掘，曾出土1件刻有9个文字的陶量残片，有关专家释读为"半斛量，

1　内蒙古自治区文物考古研究所、乌兰察布市博物馆：《卓资县城卜子古城遗址调查发掘简报》，内蒙古自治区文物考古研究所编《内蒙古文物考古文集》第三辑，科学出版社，2004年版；内蒙古师范大学历史文化学院考古文博系、内蒙古自治区文物考古研究所：《卓资县城卜子古城遗址2010年发掘简报》，《草原文物》2011年第1期。

图3-7　城卜子障城出土的勾云纹瓦当

御史赵宫莅校"[1]（图3-10）。刻文大意为，这件陶量的容
量为半斛，御史赵宫莅临校正其容量，认为符合标准，刻文
为证，赵宫对这件器物的质量负责。有铭文的赵国度量衡器
存世极少，该陶量刻文幸存9个字，相当珍奇罕见，对了解
战国时期赵国的度量衡制度有着重要价值。城卜子障城显然
是赵北长城防御体系的一个中心所在，属于赵国雁门郡设在
长城沿线的中心军事性城邑。

　　从城卜子障城向西，调查的福生庄障城、偏关卜障城、
大窑子障城、察哈少障城均保存较差，不见障墙，仅以地表散
布遗物推断为障城所在。部分相邻障城之间相距较远，其间还
应存在因破坏而消失的障城。察哈少障城位于旗下营小盆地的
西端，后为汉代加筑沿用。汉代对察哈少障城及其以西的赵

1　董珊：《内蒙古卓资县城卜子古城遗址出土陶文考》，《古代文明研究
　　通讯》总第39期，2008年12月。

北长城做了加筑；从察哈少障城向东，汉代未再沿用赵北长城，而是由旗下营小盆地向东北方向延伸，与灰腾梁汉长城衔接了起来。

以前的观点，一直认为赵北长城墙体沿线的单体建筑，包括烽燧和障城两类。赵北长城沿线的障城，从东向西均有发

图3-8　城卜子障城出土的布币

图3-9　城卜子障城出土的铜镞

图3-10　城卜子障城出土的陶文拓本

现，但烽燧仅发现于察哈少障城以西，从察哈少障城向东的赵北长城沿线未发现烽燧。根据目前我们的研究认识，秦、汉时期均对赵北长城做了沿用，秦代沿用的东端至卓资山镇附近，汉代沿用的东端至察哈少障城。未被汉代沿用的赵北长城墙体沿线，仅发现障城，而不见烽燧遗迹。这也说明察哈少障城以西的赵北长城墙体沿线的烽燧，绝大部分应为汉代修筑，只有个别可能早到秦代或晚到唐代。

赵北长城的修筑，将阴山以南地区纳入了中原国家的管辖之中，而此前活动于这一地区的林胡、楼烦等游牧部族，或成为赵国羁縻部族，或西渡黄河迁徙至今鄂尔多斯高原北部地区，或北遁阴山而逐步成为匈奴的组成部分。战国时期，灰腾梁一直是楼烦等部族的游牧地。赵国的北进，加速了匈奴、林胡、楼烦等游牧部族的统一化进程，匈奴帝国也就随着秦帝国的一统应运而生了。

灰腾梁汉长城 4

关于灰腾梁汉长城的调查报告，将于内蒙古自治区文化厅（文物局）、内蒙古自治区文物考古研究所编著的《内蒙古自治区长城资源调查报告·中南部秦汉长城卷》中予以详细介绍。本书中，侧重展示灰腾梁汉长城的相关遗存。

4.1 灰腾梁汉长城分布状况

灰腾梁汉长城由墙体、烽燧、障城等三类遗迹组成（图4-1）。

长城墙体的东南端起点，在卓资县巴音锡勒镇十股地村东侧，墙体起点处南侧为一条水冲沟，水冲沟南侧为十股地1号烽燧。墙体由此顺着山脊向灰腾梁蜿蜒而上，在大东沟村西南0.9千米处的七〇八微波站到达山梁顶部。墙体上梁之后继续呈西南—东北走向，经巴音锡勒镇大东沟村东、栗家堂村西、三盖脑包村西、杏桃沟村东，延伸至杏桃沟村东北部后折向北，进入察右中旗辉腾锡勒园区五道沟村东南部，后又进入察右后旗锡勒乡七道沟村东南部。在七道沟村东南，长城墙体仅延伸400余米，自此折向西北而行，经察右中旗辉腾锡勒园区五道沟村南、新教滩村南、隆胜义村南，伸入宏盘村北。自此，长城墙体开始折向西南，经草垛山村北，延伸至大西沟村东南部后折向南，经蓿麻湾村西，进入大阳卜村东北部。从大阳卜村东南部开始，墙体又呈东北—西南走向，经火盘沟村北，延伸至察右中旗乌兰哈页苏木西独贵坝村东，最终墙体终止于修筑有独贵坝障城的山体北坡。

在长城墙体两端，分别调查有三岔子障城、独贵坝障城。在长城墙体沿线，共调查烽燧54座、障城3座。从三岔子障城向南，在大黑河支流白银河所在的南北向谷地东侧的山顶之上，调查有小卓资山烽燧。从小卓资山烽燧向南，在桌子山濒临大黑河的前沿山顶之上调查有桌子山障城，沿用自战国赵北长城

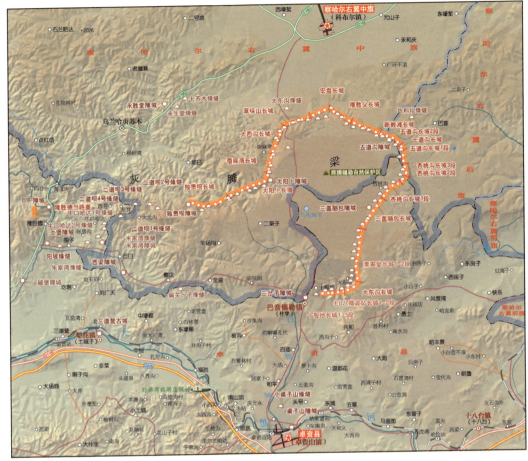

图4-1 灰腾梁汉长城分布地形图

障城。三岔子障城距小桌子山烽燧之间的直线距离达11千米，初步推断，二者之间，应沿着白银河河谷东侧的山脚下分布有一列烽燧，现均已消失于近代以来的农耕开发之中。

从独贵坝障城向西南，在灰腾梁之上调查绵延的烽燧7座，为灰腾梁汉长城的延伸。其中，米家湾烽燧位于灰腾梁之上烽燧线的西南端，矗立于山顶的一个制高点之上，居高临下俯视整个灰腾梁西南方向的大黑河谷地。

从米家湾烽燧开始下梁，梁下山脊之上调查有朱家湾烽

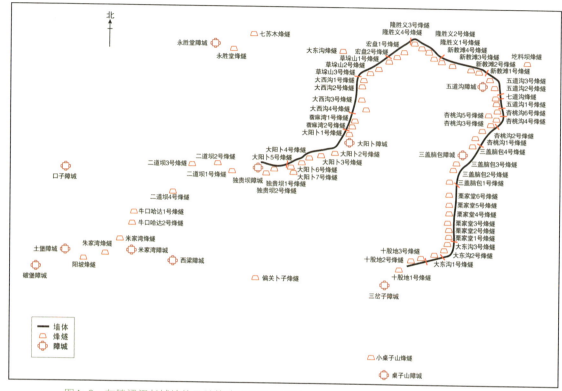

图4-2 灰腾梁汉长城墙体及单体建筑分布示意图

燧、米家湾障城。在灰腾梁南坡之下的沟谷中，自东向西分布有偏关卜子烽燧、西梁障城、阳坡烽燧和土堡障城。土堡障城位于灰腾梁西北侧沟谷与南坡下沟谷的交汇点之上，西北侧沟谷为灰腾梁与大青山的分界线，有大黑河的支流从东北向西南而流，为今天从卓资县旗下营镇至察右中旗科布尔镇的305省道的主要穿行区域。在这条沟谷中，土堡障城以北调查有永胜堂障城、永胜堂烽燧和七苏木烽燧，土堡障城以南调查有破堡障城；在这条沟谷西侧的一条支流的下游地带，调查有口子障城、隆胜德当路塞。

此外，于五道沟障城东侧山顶上调查有圪料坝烽燧，于灰腾梁长城西北部墙体外侧山梁上调查有大东沟烽燧,均属灰腾梁汉长城的塞外燧。

综此可见,灰腾梁长城的墙体将整个辉腾锡勒草原从东、北、西三个方向包围了起来。梁西南地势陡峭,有自然防御之势,从而未修筑墙体,但也通过烽燧、障城等遗迹,将长城防御体系从梁上一直延伸下来。从破堡障城向西南直至旗下营小盆地,由于近代以来农耕发达,已难发现长城墙体与烽燧、障城等遗迹。初步推断,这一地带的长城,主要以烽燧、障城的形式,顺着山前平地延伸至旗下营镇西侧的察哈少障城,与为汉代沿用的战国赵北长城向西连接了起来(图4-2)。

4.2 长城墙体

相比人们一般印象中的明长城而言,这里的长城并没有显出非常雄奇的色彩——既没有砖砌的墙体,也没有高耸的敌楼,而且好些地段几乎没有踪迹。其实,长城作为两千多年来历代不断修筑、迭经破坏的巨型线形文化遗产,其形态、结构、修筑方式、组织体系等存在着诸多差异。外墙包砖、上置敌楼的做法,只是明长城的一种,今人们都已熟知的明长城八达岭段,也不过是明长城体系中很少的包砖墙体而已。都城的城墙,在明代以前,也很少有全部包砖的,这不仅是技术、经费等因素使然,也与具体的时空状况、战略抉择有关。至于距今将近两千年前筑就的灰腾梁长城,当然也不可能以砖墙的面目呈现。但这并不意味着这段长城真的就那么萧索,相反,同样有着不凡的气度和卓越的风姿。

在调查中,将绵延分布的灰腾梁长城墙体共划分为23个调查段,其中包括土墙15段,石墙7段,消失1段。另调查土筑副墙2段。墙体总长51.242千米,其中土墙长39.081千米,石墙长11.796千米,消失墙体长365米。

石墙　主要修筑在起伏较大的山丘间或山丘顶部，附近湖泊较为集中，地表散布有大量火山岩。因而墙体采用了就地取材的构筑方式，以火山岩垒砌而成。墙体均已坍塌，于地表呈石垅状分布；现存墙体的尺度通常为底宽3～7米，顶宽2～4米，残高0.3～1.5米。调查的石墙段落，包括十股地长城3段，七〇八微波站长城2段，大东沟长城，栗家堂长城2段，杏桃沟长城1段（图4-3、图4-4），杏桃沟长城3段（图4-5、图4-6），五道沟长城2段主墙。以杏桃沟长城1段为例，属于保存石墙中的较好者。墙体为火山岩垒砌而筑，现石墙坍塌呈垅形石堆状，底宽顶窄，剖面呈梯形，底宽5～7米，顶宽3～4米，残高0.8～1.5米。个别地段可观察到墙体的原始宽度，经丈量，为2.3米。

此外，于灰腾梁山下西南的沟谷之中，发现有一段当路塞，亦为石墙。当路塞位于卓资县复兴乡隆盛德村北，命名为隆盛德当路塞。当路塞位于东河南侧的黑楞沟沟口处，沟口两侧山势险峻，当路塞主要起到控扼沟口的作用。墙体长20米，为石墙，毛石干垒，保存差。墙体坍塌呈石垄状，石块或残留于墙体之上，或散落于墙体两侧；现存墙体底宽5米，顶宽1.5米，残高1.5～2.5米。

土墙　土墙多修筑于较开阔平坦的山丘顶部，或者位于山丘间的平缓地带。可见墙体大多轮廓清晰，呈凸出于地表的土垅状；现存墙体的尺度通常为，底宽11～16米，顶宽5～13米，残高0.3～0.8米。部分土墙两侧可见石砌痕迹，由此推断这些土墙的内、外侧均包砌有石块。调查的土墙段落，包括十股地长城1段（图4-7）、十股地长城2段、栗家堂长城1段、三盖脑包长城（图4-8）、杏桃沟长城2段、五道沟长城1段、七道沟长城、五道沟长城2段副墙、新教滩长城（图4-9）、隆胜义长城（图4-10）、宏盘长城（图4-11）、草垛山长城主墙与副墙、大西沟长城、蓿麻湾长城、大阳卜长城、独贵坝长城。

图4-3　杏桃沟长城1段（西—东）

图4-4　杏桃沟长城1段（东—西）

图4-5　杏桃沟长城3段航片

图4-6　杏桃沟长城3段墙体拐弯处石圈

图4-7　十股地长城1段（西—东）

　　以大阳卜长城为例，墙体为堆筑土墙，现于地表呈土垅状，底宽顶窄，剖面呈梯形，因雨水冲刷，坍塌严重；现存墙体底宽14～16米，顶宽8～13米，残高0.5～0.8米。个别地段可观察到墙体的原始宽度，经丈量，约为6米（图4-12）。

　　五道沟长城2段、草垛山长城的内侧，均加筑有副墙。副墙自主墙分行而出，歧出一段后又汇合于主墙。

　　五道沟长城2段主墙为石墙，其末端部分从一座湖泊中部东西向穿过。副墙在湖泊东南侧与主墙分行，沿着湖泊南侧绕过

图4-8　三盖脑包长城（西—东）

图4-9　新教滩长城（东南—西北）

图4-11　宏盘长城（西南—东北）

图4-10　由山上向山下眺望的隆胜义长城（西北—东南）

湖泊，在湖泊西北侧与主墙交汇，呈半圆形分布。该段副墙全长620米，为堆筑土墙，底宽7.5米，顶宽2米，残高1.2米。构筑该段副墙的主要目的，是在湖泊水位较高的年景，转以副墙来完成防御（图4-13、图4-14）。

草垛山长城主墙由东北向西南延伸，穿过南北向低缓谷地，谷地中现有卓资县卓资山镇至察右中旗科布尔镇的公路通过，沿着山脊缓缓而上（图4-15）。副墙于主线内侧呈弧形分布，起点在公路东侧山梁半坡上与主墙分行，西南向下山，穿过公路后折向西北斜行而上，在公路西侧山梁半坡处与主线汇合。副墙全长750米，保存差，墙体底宽5~6米，顶宽1~2米，残高0.5~1米。公路的修建，破坏主墙、副墙各80米。副墙所在谷地，自古以来是灰腾梁上南北通道必由之

图4-12　大阳卜长城（东—西）

图4-13　五道沟长城2段石砌主墙
　　　　（东南—西北）

图4-14　五道沟长城2段主墙、副
　　　　墙航片

图4-15　草垛山长城（东—西）

4

灰腾梁汉长城

图4-16　穿越草垛山长城的现代道路也是古代道路所经之处（北—南）

地，在该通道上加筑副墙，除有加强防御的目的外，还可能赋予了关塞的功能（图4-16）。

4.3　烽燧

　　最早到西周末年，已有关于烽燧的记载。据《史记·周本纪》：周幽王宠爱褒姒，"褒姒不好笑，幽王欲其笑万方，故不笑。幽王为烽燧大鼓，有寇至则举烽火。诸侯悉至，至而无寇，褒姒乃大笑。幽王说之，为数举烽火。其后不信，诸侯益亦不至。"这就是历史上著名的"周幽王烽火戏诸侯"的故事，烽火被用来传递军事信息。

　　长城的起源要晚于烽燧。春秋时期，列国之间为了相互防御而挖掘界沟，史籍中称作"封略"。到战国时期，随着骑马技术的不断推广，列国之间的疆界演变发展为土筑或石砌的墙体，这种作为国界的长墙就是最早的长城，即早期长城。早期长城不一定设有烽燧这种通讯设施，如内蒙古境内的战国赵北长城，主要由墙体和障城构成。烽燧完全被长城所吸纳是在西汉时期，随着长城防御体系的不断完善，烽燧由一种单一的信息传递工具演变发展成为汉代边疆军事指挥系统的基层单位。

在史料中，烽燧一般被称作亭、亭燧、塞上亭。在内地，亭是负责治安的基层单位；在塞防线上，亭是警戒、设防的基层单位。烽燧的管理，设有燧一级基层军事组织，长官称燧长。每座烽燧的成员少则2人，多则5、6人，以3人居多。燧的上一级军事组织——部，也驻扎于烽燧之中，部的长官称候长。驻守成员较多的烽燧，同时属于部的驻所。

通过考古调查，结合居延汉简的相关记载，可知汉代烽燧一般由堠、坞、积薪垛等三部分组成。堠为方台，本书中统称作墩台。居延简记载："堠高四丈，上堞高五尺。"（E.P.T52.27）则其通高约合10.4米。堠旁侧有坞，供士兵日常居住。《通俗文》记载："营居曰坞。"《国语·晋语》韦注："小障为坞。"坞和墩台相连在一起，坞通常位于墩台的东侧，有的坞还可分为内坞、外坞。在墩台和坞的周边，调查可见一些小的圆形或方形石头圈，这应是古代堆放积薪的地方。放置积薪的设施，汉简名为积薪垛。烽燧的报警设施，通常有烽、表、苣火、燧等数种。史料中记述的"举烽燔燧"中的燧，就是积薪。积薪分为大、小两种，居延简中有大积薪、小积薪的记载，每座烽燧中大积薪、小积薪的最多数量均为4个。

灰腾梁汉长城共调查烽燧69座，大部分位于墙体沿线，小部分为长城墙体防御体系延伸的烽燧线，还有个别塞外燧、道上燧（图4-17）。长城墙体沿线共调查烽燧54座（图4-18～图4-32）；从独贵坝障城向西南不见长城墙体，有9座

4

灰腾梁汉长城

053

烽燧将长城防御体系延伸至梁下，形成烽燧线（图4-33、图4-34）；从三岔子障城至小桌子山烽燧之间，沿着白银河河谷东侧的山脚下应延伸有一道烽燧线；永胜堂烽燧、七苏木烽燧、大东沟烽燧和圪料坝烽燧，均属于塞外燧（图4-35～图4-37）；偏关卜子烽燧位置较为特殊，位于灰腾梁南侧东西走向川地之南的山梁上，属于道路沿线传递信息的道上燧。

这些烽燧的墩台大多内部为土筑，外侧包砌石块。现今墩台坍塌，于地表多呈圆形土石堆状，好似小丘，直径20米左右，残高大多1至数米不等，少数遭受破坏严重者，残高

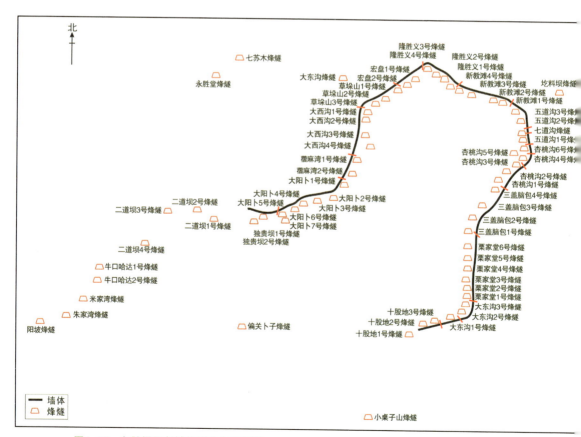

图4-17　灰腾梁汉长城烽燧分布示意图

图4-18 十股地2号烽燧（东南—西北）

仅仅盈尺。有些墩台外围可见石块垒砌的方形围墙，应为供士兵居住的坞。还有的墩台周围，保留有数堆石头构筑的积薪垛遗迹（图4-38、图4-39）。

在调查中，通过对烽燧形制的分析，初步可辨识部分烽燧为燧治所的同时，也是部的驻地。大部分烽燧的坞只有一座，但小部分烽燧的坞可分为内坞、外坞。坞的大小决定着居住士兵的多少。由此推断，绝大部分有内坞、外坞的烽燧，是燧的治所，同时也是部的驻地。从灰腾梁汉长城东部墙体沿线保存较好烽燧的分布情况，结合部、燧驻地烽燧与单纯燧治所烽燧的区分来看，一部管领3～7燧，即部所在烽燧及其两侧的各1～3座燧。较为特殊的是，大阳卜7号烽燧紧邻大阳卜6号烽

图4-19 三盖脑包1号烽燧(东—西)

图4-20 三盖脑包4号烽燧（南—北）

图4-21　杏桃沟1号烽燧（西北—东南）

图4-22　杏桃沟1号烽燧航片

图4-23　杏桃沟5号烽燧（东南—西北）

图4-24　新教滩1号烽燧（西南—东北）

图4-25 新教滩2号烽燧航片

图4-26 新教滩3号烽燧（东南—西北）

图4-27 草垛山2号烽燧（南—北）

图4-28 宏盘1号烽燧（西—东）

图4-29　大西沟2号烽燧（东南—西北）

图4-30　大西沟3号烽燧（西南—东北）

图4-31　大西沟4号烽燧（西南—东北）

图4-32　蓿麻湾1号烽燧（南—北）

图4-33　牛口哈达2号烽燧（东北—西南）

图4-34　朱家湾烽燧（北—南）

图4-35　七苏木烽燧（北—南）

图4-36 大东沟烽燧（东北—西南）

图4-37 圪料坝烽燧（西南—东北）

燧，初步推测大阳卜7号烽燧为单纯的部治所。此外，将独立的塞外燧，也划归于最近部的管理之中。

单纯为燧治所的烽燧，以栗家堂3号烽燧为例。该烽燧位于卓资县巴音锡勒镇栗家堂村北2.8千米处的石堂海子北岸上，东距栗家堂长城2段墙体20米。烽燧由墩台、坞和积薪垛

图4-38　五道沟1号烽燧墩台与积薪垛（东南—西北）

图4-39　五道沟3号烽燧航片

图4-40　栗家堂3号烽燧航片

组成，整体保存较好。墩台内部用土夯筑，外部石砌，现于墩台底部外侧可见由石块包砌而成的方形小围墙，边长10米；顶部呈圆形土堆状，残高4米。坞位于墩台东侧，坞墙以石块垒砌而成，部分西墙利用墩台底部围墙，坞墙宽1米，距地表高约0.3米；坞平面呈长方形，东西长26米，南北宽20米。坞西侧有东西向一字排列的5个圆形积薪垛，均呈圆形石堆状，直径在2～4米，石堆现高于地表约0.2米（图4-40）。烽燧坞内及周围地表散布有少量装饰绳纹、凹弦纹的陶片等遗物。

图4-41
五道沟2号烽燧墩台与坞（南—北）

图4-42
杏桃沟6号烽燧（东南—西北）

　　单纯为燧治所的烽燧，再以五道沟2号烽燧为例。该烽燧位于察右中旗辉腾锡勒园区五道沟村东南3.3千米处的小山丘东坡上，东北距五道沟长城2段墙体40米，西北距五道沟障城900米，距五道沟3号烽燧0.75千米。烽燧保留有墩台、坞和积薪垛，整体保存较差。墩台内部土筑，外包砌石块，呈圆形土堆状，直径11、残高2.7米。坞位于墩台南侧，靠台体而筑，平面呈长方形，东西长15米，南北宽8米；坞墙宽0.8～1.2、残高0.2～0.6米。积薪垛位于坞西南侧，保留有2座，平面呈方形，边长3米（图4-41）。烽燧周围地表散布较多陶片，有泥质灰陶、褐陶等，纹饰有细绳纹、旋纹、附加堆纹等。

部、燧同驻的烽燧，以杏桃沟6号烽燧为例。该烽燧位于卓资县巴音锡勒镇杏桃沟村东北2.85千米处，东距杏桃沟长城3段墙体70米，西北距五道沟1号烽燧750米。烽燧保存有墩台、坞和积薪垛，整体保存一般。墩台呈圆形土堆状，底部直径14、残高3米，顶部被挖有一土坑。坞位于墩台西侧，可分内坞、外坞，均石筑而成。内坞靠台体西侧而筑，平面呈方形，边长10米；坞墙宽1.2、残高0.3米。外坞位于墩台和内坞外围，边长28米；坞墙宽1.8、残高0.2米。外坞西侧有4座积薪垛，均呈石堆状，方形、圆形各2座，方形边长1.5~2.6米，圆形直径3米（图4-42、图4-43）。周围地表可见少量陶片。

图4-43　杏桃沟6号烽燧航片

烽燧的坞，多位于墩台的东侧，所以墩台东侧往往是烽燧遗物的集中散布之地。烽燧采集遗物以陶片为主（图4-44～图4-46），不见筒瓦、板瓦残片，而障城则见有筒瓦、板瓦残片，这也是分辨汉代烽燧与障城的一个重要依据。

烽燧的功能，从大的方面来说，当然也是防御。而其在长城这一综合防御体系中独一无二的功用，则是报警通信手段。通过"举烽燔燧"这种非常举措，实现边关军情的快速传递。在两千多年前乃至更早的时代，这种独特的功用没有可以替代或超越者。正因为烽燧直接关系边疆的安危，直接关系国家的核心利益，因此其使用制度必然非常严格，居延地区曾出土较为完整的"塞上蓬火品约"简（图4-47）。居延遗址群以及河西走廊的长城遗址，曾经发现汉代的积薪，保存得完好如初（图4-48）。灰腾梁汉长城部分烽燧旁侧只可见积薪垛，其上的积薪均荡然无存。居延及河西走廊，人迹罕至，且处于干旱地带，有

图4-44　二道坝2号烽燧采集的陶器口沿

图4-45　二道坝2号烽燧采集的水波纹陶片

图4-46　二道坝2号烽燧采集的铁器残片

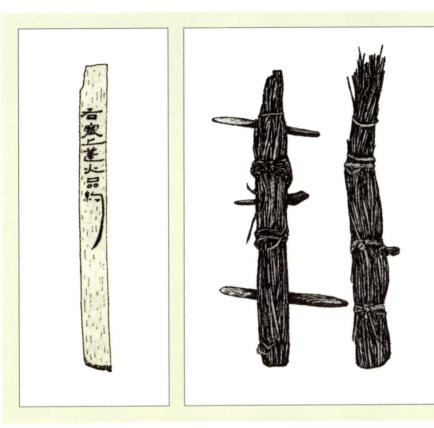

图4-47　"塞上蓬火品约"简

孙机：《汉代物质文化资料图说》，上海古籍出版社，2011年，第182页。

图4-48　积薪

孙机：《汉代物质文化资料图说》，上海古籍出版社，2011年，第182页。

利于积薪等遗物的保存。而灰腾梁的降水则较居延和河西走廊丰沛，作为有机物的积薪，即便在当时还有剩余，几经寒暑，风吹日晒，雪浸雨侵，也会消亡殆尽。

4.4　障城

《史记·匈奴列传》之《正义》云："障，山中小城。"《汉书·酷吏传》之《正义》则记载："障，谓塞上要险之处别筑城，置吏士守之，以扞寇盗也。"除烽燧外，障城也是汉长城的必备要素。在汉代边疆地区的部都尉、候官、部、燧四级军事组织中，绝大多数障城是候官治所。作为候官治所的障城，有的管领一定范围的长城墙体与烽燧，有的不具体管理长城墙体与烽燧，仅筑于"塞上要险之处"以扞守险要。还有个别障城，位于长城塞外，属于斥候之城，功能在于候敌瞭望，称为塞外障。

候官的长官称候，秩俸六百石，与县令大体相当。候的属吏有塞尉、候丞、士吏、掾、令史、尉史等。塞尉为候之副手，秩俸二百石。士吏秩俸百石，为候官属吏，由候派往各部督察戍务。部的长官称候长，候长与士吏同级，直接领导诸部戍务。候长的助手为候史，主文书事，秩次为佐史，是汉代官吏中最低的秩次。燧的长官称燧长，燧长秩次亦同于佐史。

在灰腾梁汉长城及其周边，共调查障城12座（图4-49）。其中，墙体沿线调查障城3座，分别为三盖脑包障城、五道沟障城、大阳卜障城。在长城墙体两端各调查障城1座，分别为三岔子障城、独贵坝障城。在灰腾梁周边地区，共调查障城7座，在三岔子障城之南、卓资山镇北侧的桌子山山顶前沿调查有桌子山障城，从米家湾烽燧向南下梁之后，在山脊之上和山谷之中调查有米家湾障城、西梁障城、土堡障城、永胜堂障城、口子障城、破堡障城。

下面，大体依逆时针方向，从东南方的桌子山障城开始，将这些障城逐个予以介绍。

4.4.1　桌子山障城　位于卓资县卓资山镇北侧桌子山山顶前沿，山下为东西流向的大黑河。障城处于山顶南部的一块平坦台地上，从障城南墙之上远眺，山下的卓资山镇及东西流向的大黑河尽收眼底。西北距小桌子山烽燧2.4千米，北距三岔子障城13千米。

障城平面大致呈方形，边长约70米。墙体以土夯为主，

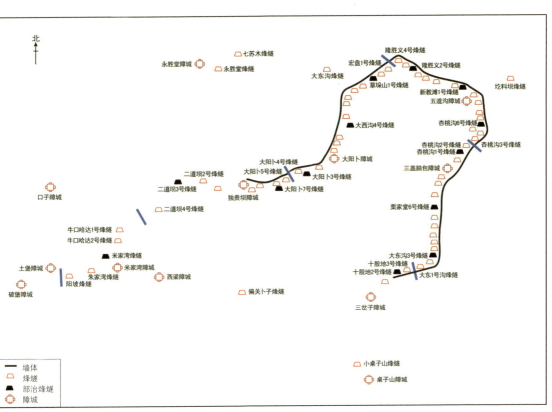

北

七苏木烽燧
永胜堂障城
永胜堂烽燧
大东沟烽燧
隆胜义4号烽燧
宏盘1号烽燧
隆胜义2号烽燧
草垛山1号烽燧
圪料坝烽燧
新教滩1号烽燧
五道沟障城
杏桃沟6号烽燧
大西沟4号烽燧
杏桃沟2号烽燧
杏桃沟3号烽燧
杏桃沟1号烽燧
大阳卜4号烽燧
大阳卜障城
大阳卜3号烽燧
三盖脑包障城
大阳卜5号烽燧
二道坝2号烽燧
大阳卜7号烽燧
二道坝3号烽燧
独贵坝障城
栗家堂6号烽燧
口子障城
二道坝4号烽燧
牛口哈达1号烽燧
牛口哈达2号烽燧
大东沟3号烽燧
米家湾烽燧
十股地3号烽燧
土堡障城
米家湾障城
十股地2号烽燧
大东1号沟烽燧
阳坡烽燧
朱家湾烽燧
西梁障城
破堡障城
偏关卜子烽燧
三岔子障城

小桌子山烽燧
桌子山障城

墙体
烽燧
部治烽燧
障城

图4-49　灰腾梁汉长城障城管辖范围示意图

图4-50　桌子山障城航片

个别地段夹有石块，底宽15～20米，顶宽2～3米，残高6～8米。南墙中部辟门，宽约5米，方向为173°。城内自东北角和西北角向城门处各挖一条壕沟通向城外，堆土于壕沟两侧，平面呈V字形（图4-50～图4-54）。城内外散落有少量陶片和残砖，陶片有泥质灰陶、褐陶等，纹饰多见粗绳纹，残砖一面亦饰有粗绳纹。障城北侧不远处有解放战争时期国民党军队挖掘的两条战壕，每条战壕旁侧各有一座碉堡。障城内的两条壕沟亦疑为解放战争时期战壕。

该障城地表散布遗物较少，从其所处地理位置来看，早期应为战国赵北长城沿线的一座障城，汉代加筑沿用，起到监控大黑河河谷的作用。桌子山障城管领的烽燧，仅见小桌子山烽燧。初步推断，小桌子山烽燧以北的白银河河谷东侧消失的

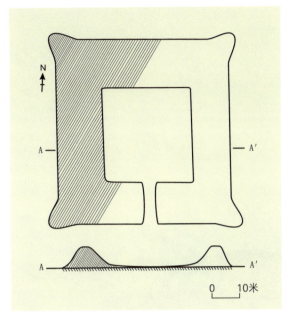

图4-51　桌子山障城平、剖面图

部分烽燧，亦归桌子山障城管领。

　　桌子山障城北望小桌子山烽燧。小桌子山烽燧位于卓资山镇孔家沟村北侧1.2千米处的小桌子山山顶东侧，东南距桌子山障城2.4千米。烽燧由墩台、坞和壕沟三部分组成。墩台位于小桌子山东侧小山丘顶部，呈圆形土堆状，底部直径10米，残高4米，土石混筑而成，台体外围有石块包砌。墩台南侧有坞，平面略呈方形，边长约8米；坞墙石块垒砌而筑，墙宽1米，距地表高0.5米。墩台和坞外侧有一周不规则形壕沟，倚墩台所在小山丘环山丘外缘挖筑；现存壕沟宽约1.5米，深0.6米（图4-55、图4-56）。地表散布较多陶片，有泥质灰陶、褐陶等，纹饰有细绳纹、附加堆纹、弦纹、水波纹等（图4-57）。

图4-52　桌子山障城远景（东南—西北）

图4-53 桌子山障城北墙（西北—东南）

图4-54 桌子山障城内部（西北—东南）

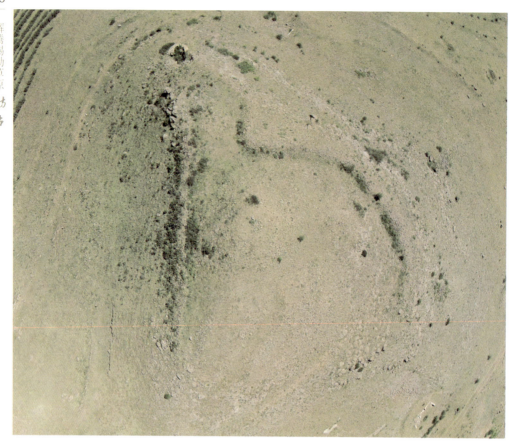

图4-55 小桌子山烽燧航片

图4-56　小桌子山烽燧墩台

图4-57　小桌子山烽燧采集的水波纹陶片

4.4.2　三岔子障城　位于卓资县巴音锡勒镇三岔子村东，东北距十股地1号烽燧1.23千米，距十股地长城1段墙体起点1.3千米，距三盖脑包障城11.6千米。

障城平面呈方形，边长46米。障城墙体夯筑而成，除东墙保存较好外，其余三面墙体均因村民取土而遭到严重破坏，但大致轮廓尚模糊可见。东墙底宽4米，顶宽3米，残高3米；南墙、北墙宽4米，残高1～1.5米。门址不清，推测应为南墙开门。墙体损毁的断面上，可见明显的夯层，夯层厚10～12厘米（图4-58）。

三岔子障城西为灰腾梁南坡的东西向沟谷，南为源于灰腾梁的白银河流过的南北向沟谷（图4-59），北为较为陡峭的灰腾梁南坡，但由此障城向北的山谷中有可上梁的通道（图4-60）。该障城地处扼守数条通道的位置，当为一处候官治所，管领灰腾梁山下、三岔子障城南北一线的长城墙体与

图4-58　三岔子障城西半部分完全被毁（南—北）

图4-59 由三岔子障城北望灰腾梁（南—北）

图4-60 远眺三岔子障城及其所在的三岔子村（北—南）

烽燧。管领的长城墙体，包括十股地长城1段、2段、3段，共长2.344千米。管领的烽燧，障城北侧有十股地1号、2号、3号烽燧，均位于墙体沿线，相互间距在900米左右，障城南侧的烽燧均已消失不见。十股地3号烽燧因早年修建梯田和近年来开展植树造林，遭破坏严重。

4.4.3　三盖脑包障城　位于卓资县巴音锡勒镇三盖脑包村东北2.1千米，修筑于较开阔的台地上，东南距三盖脑包长城墙体0.2千米，北距五道沟障城7.15千米。

障城平面呈方形，边长60米。墙体主体为黄土夯筑，底宽顶窄，剖面呈梯形，底宽15米，顶宽3.5米，残高5～6米，夯层厚10～12厘米。墙体外部残留有石块垒砌的痕迹，可见墙体外侧原应包砌有石块。障城内部呈锅底形，淤积大量沙土。西墙正中辟有门址，宽8米，方向为315°（图4-61～图4-67）。

障城西门外可见一个关厢，修建于土筑台基之上，台基距地表高约2米。关厢平面呈长方形，东西宽40米，南北长60米；关厢墙体原应为石块垒砌而筑，因遭取石破坏，现仅存轮廓可辨，关厢内东北侧可见石块垒筑的建筑基址。

障城内、外地表散布较多的陶片、板瓦等遗物。陶器可

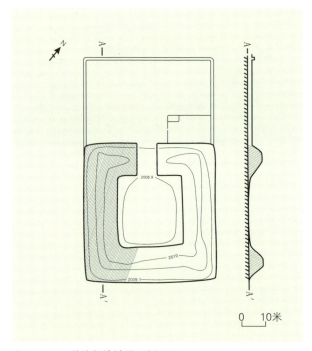

图4-61　三盖脑包障城平、剖面图

图4-62 三盖脑包障城远景（南—北）

辫器形有折沿盆、罐等，板瓦多外壁饰粗绳纹、内腹饰菱形网格纹。

　　三盖脑包障城为一处候官治所。管领的长城墙体共长13.058千米，西南起自七〇八微波站长城1段起点，东北止于杏桃沟长城1段止点处的路路坡沟东岸，与五道沟障城的管领范围以路路坡沟为界。管领的烽燧，南起大东沟烽燧，北至杏桃沟2号烽燧，共15座，相互间距多在850米左右。其中8座保存较好，有7座遭风电场建设的道路、地下电缆线、风力发电机和电线杆的支架等破坏，已不见墩台、坞等遗迹，仅于地表散落的陶片可辨别其原初位置所在。

图4-63　三盖脑包障城航片

图4-64 三盖脑包障城南墙（南—北）

图4-65 三盖脑包障城外侧东南角（东南—西北）

图4-66 三盖脑包障城内部（东南—西北）

图4-67　三盖脑包障城与相邻长城墙体（东南—西北）

4.4.4　**五道沟障城**　位于察右中旗辉腾锡勒园区五道沟村南2.5千米，修筑于较平坦的台地上，当地人称作螺儿山，南侧和西侧各有一无名海子。北距五道沟长城2段墙体0.14千米，西南距大阳卜障城13千米。

障城平面呈方形，边长53米。障城南侧树立有中广核风电场10805号风电机，南墙几乎全部被毁，暴露出墙体内部清晰的夯筑痕迹，由黑褐土、黄褐土和红碱泥夹杂沙石块夯筑而成，墙体外侧包砌有石块；从墙体断面上可见墙体底宽14米，顶宽3米，残高5~6米，夯层厚10~12厘米。其他三面墙体上不见城门遗迹，由此推断障城城门应位于已毁的南墙上，方向为210°（图4-68~图4-71）。

障城南侧遭破坏的地表之上，可见部分石墙残迹，由此推断障城南侧原亦应有关厢分布。城内及周围地表散布较多

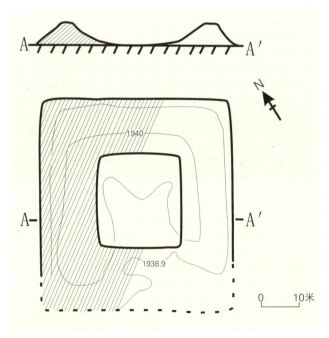

图4-68　五道沟障城平、剖面图

图4-69　五道沟障城远景（东南—西北）

图4-70　五道沟障城遭破坏部分（东南—西北）

图4-71　五道沟障城遭毁南墙（东南—西北）

陶片，有泥质灰陶、褐陶等，纹饰有绳纹、附加堆纹、旋纹等，可辨器形有罐、盆等（图4-72）。采集"五铢"钱1枚，圆形钱面直径2.5厘米，方形内孔边长1厘米，钱面有周郭，钱背有内、外郭，"五"字交笔为直笔，"铢"字的"朱"头呈方折形，"金"字头较小，犹如一枚箭镞，属于汉武帝元狩五年（前118年）始铸的郡国五铢（图4-73）。

　　五道沟障城为一处候官治所。管领的长城墙体，东起路坡沟东岸杏桃沟长城2段，西北止于隆胜义长城墙体止点，共长14.825千米。管领的烽燧，东起杏桃沟3号烽燧，西至隆胜义4号烽燧，共16座，相互间距多在750米左右。此外，塞外燧圪料坝烽燧，亦在其管领之中。

图4-72　五道沟障城采集的陶片

图4-73　五道沟障城采集的"五铢"钱

4.4.5　大阳卜障城　位于察右中旗辉腾锡勒园区大阳卜村东南1.2千米，修筑在较平坦的台地上，西距大阳卜长城墙体210米，西南距独贵坝障城8.85千米。

障城平面呈方形，边长60米。墙体内部土筑，外侧包砌石块，石块坍塌严重，坠落在墙体两侧。现存墙体底宽约12米，顶宽约3米，残高约6米。南墙正中开门，宽约5米，方向为180°。障城内现呈锅底形大坑，中部有一盗坑，盗坑上散落有大量板瓦、筒瓦残片和陶片等，其中板瓦内腹多饰菱形网格纹，筒瓦前沿有手捏S形装饰（图4-74～图4-79）。

障城东侧、南侧可见土筑台基，障城位于台基西北部。台

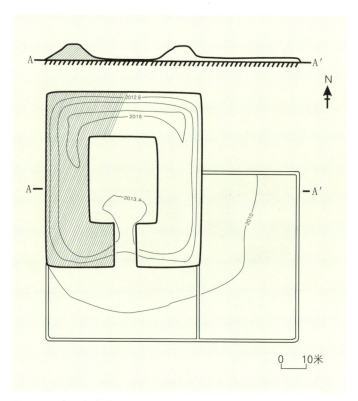

图4-74　大阳卜障城平、剖面图

图4-75 大阳卜障城航片

0   5厘米

图4-76 大阳卜障城采集的板瓦

图4-77 大阳卜障城门址（南—北）

图4-78 大阳卜障城东墙（东—西）

基平面呈长方形，东西通长100米，南北通长95米，高近2米，台基外侧以石块包砌。台基上修筑东、南两个关厢，院墙均为石块垒砌而筑，墙体宽2.2米，高约1米。南关厢位于障城南侧，北墙利用障城南墙，平面呈长方形，东西长60米，南北宽30米；东关厢位于障城和南关厢东侧，西墙利用障城东墙南半部和南关厢东墙，平面呈长方形，南北长65米，东西宽40米。

大阳卜障城为一处候官治所。管领的长城墙体，东北起自宏盘长城墙体起点，西南止于大阳卜长城前小段墙体止点，共长14.687千米。管领烽燧共15座，东北起自宏盘1号烽燧，西南止于大阳卜4号烽燧，相互间距不一，近者530米，远者在1000米以上。此外，塞外燧大东沟烽燧，亦在其管领之中。

图4-79　大阳卜障城内部（东北—西南）

4.4.6 独贵坝障城 位于察右中旗乌兰哈页苏木西独贵坝村东侧0.77千米处的山顶之上,北距独贵坝长城墙体30米,西距二道坝1号烽燧3.1千米,西南距西梁障城9.7千米,西南距米家湾障城9.3千米。

障城位于较平缓山梁顶部,西侧为陡峭山壁,西与二道坝1号烽燧对望,其二者间为南北走向大沟谷地及茂密的森林。障城之上现树立有输变电线路水泥杆两根、风力发电机一架,导致障城损毁严重,原始形制已无法辨识(图4-80)。周围地表散布大量陶片、瓦片以及少量铁块。陶片有泥质灰陶、褐陶和红陶等,多见细绳纹装饰;瓦片外壁饰绳纹,内腹饰菱形网格纹(图4-81)。

独贵坝障城为一处候官治所,管领的长城墙体包括大阳卜长城后小段、独贵坝长城,长6.328千米;管领烽燧8座,东

图4-81 独贵坝障城采集的陶片

图4-80　独贵坝障城远景（西南—东北）

起自大阳卜5号烽燧，西止于二道坝4号烽燧，相互间距多在1.3千米左右。大阳卜7号烽燧位于大阳卜6号烽燧南80米处，二者相距极近，大大小于一般烽燧间的距离。初步推断，大阳卜6号烽燧为单纯的燧治所，而大阳卜7号烽燧则为单纯的部治所。

4.4.7　米家湾障城　位于卓资县复兴乡米家湾村东北1.23千米处的南北向山脊上，北距米家湾烽燧1.52千米，西距朱家湾烽燧1.5千米，西南距阳坡烽燧4.8千米。

障城平面呈方形，边长23米。墙体土筑而成，底宽7米，顶宽3米，残高1.5米。南墙正中开门，宽约3米。障城内部略呈锅底形（图4-82）。散布较多陶片，有泥质灰陶、褐陶等，纹饰有绳纹、附加堆纹、旋纹等，可辨器形有罐、盆等。

米家湾障城为一处候官治所，管领烽燧5座，北起牛口哈达1号烽燧，南至阳坡烽燧，相互间距多在2千米左右。

米家湾烽燧位于复兴乡米家湾村东北2.7千米的高山顶部，四面陡峭，周围是低缓不一的山脉，东南距西梁障城5.4千米，西南距阳坡烽燧5.2千米。烽燧由墩台、坞和壕沟等遗迹组成。墩台为土石堆筑，呈圆形堆状，底部直径20米，残高

图4-82　山前台地之上的米家湾障城（南-北）

图4-83 米家湾烽燧（北—南）

8米（图4-83）。坞位于墩台东侧，平面呈长方形，因山顶较狭窄而面积不大，南北长12米，东西宽3米。墩台和坞外侧围绕一周壕沟，周长约30米，宽2米，深1.2米。该烽燧位于灰腾梁山脉西端，东、南、西三面视野辽阔，能清晰地观察到东自西梁障城、西至土堡障城之间的川地通道。

4.4.8 西梁障城 位于察右中旗辉腾锡勒园区西梁村西侧，修筑于灰腾梁南坡沟谷与一条南北走向大河沟交汇点的东南侧台地上，南北向大沟向南可通至三道营古城。西距土堡障城8.5千米，西北距米家湾障城3.87千米，东距偏关卜子烽燧7千米。

京新高速公路（G7）的桥梁从障城西侧穿过，对障城造成了较大破坏。从残存墙体遗迹判断，障墙土筑，周长在160米左右（图4-84、图4-85）。周围地表散布较多陶片，泥质黑陶居多，纹饰有绳纹、附加堆纹等。

图4-84 西梁障城西墙残迹（西南—东北）

图4-85 西梁障城内部（南—北）

图4-86　偏关卜子烽燧（西南—东北）

图4-87　从偏关卜子烽燧远眺大黑山（东北—西南）

　　西梁障城为一处候官治所，偏关卜子烽燧应在其管领范围之内，其他管领遗迹破坏不清。

　　偏关卜子烽燧位于察右中旗金盆乡偏关卜子村西南0.6千米处的山脊上，北侧为沟谷中的河流川地，南侧为丘陵。烽燧现仅存墩台，呈椭圆形土堆状，东西长径15米，南北短径10米，残高4米（图4-86、图4-87）。地表散布有较多陶片，纹饰以绳纹、凹弦纹为主。

　　4.4.9　土堡障城　位于卓资县复兴乡土堡村南侧，障城西侧、南侧沟谷中的河流交汇于障城的西南，汇流后的河流继续向西南而流，于旗下营镇斗金山北麓汇入大黑河。西北距口子障城4.1千米。

　　障城平面呈方形，边长60米。墙体土筑而成，保存差，可见西墙、北墙，南墙保留有大部分墙体，东墙已不见踪迹。存留墙体现呈凸出于地表的土垅状，底宽顶窄，底宽8～11米，顶宽2～4米，残高1.8～2.7米。遭破坏的墙体断面可见夯土层，夯层厚10～12厘米。城内地表散布较多陶片、板瓦等遗物。陶片有泥质灰陶、褐陶、黑陶等，纹饰有绳纹、附加堆纹、方格纹等，器形可辨者有釜、罐等；筒瓦、板瓦多外壁饰粗绳纹、内腹饰布纹或细绳纹（图4-88～图4-90）。

　　障城西侧沟谷的对岸、福兴号村西侧有一座孤山，山顶

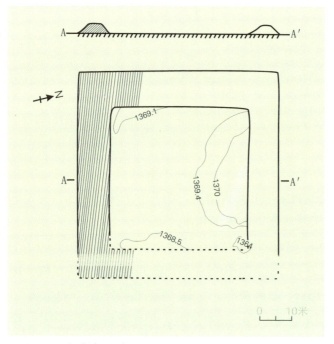

图4-88　土堡障城平、剖面图

图4-89 土堡障城（南—北）

0   5厘米

图4-90 土堡障城采集的筒瓦

悬崖峭壁耸立。通过调查，在悬崖峭壁之下，有一条人工修砌的环山小道，小道上采集有汉代的绳纹陶片。这座孤山与土堡障城东西相对，形成了控扼南北向沟谷的态势。

4.4.10　永胜堂障城　位于察右中旗乌兰哈页苏木永胜堂村南800米处，处于沟谷西侧的一块高地之上，东侧有S305省道呈南北向经过，西南距口子障城16.6千米。

障城平面呈方形，边长35米。墙体为夯筑土墙，保存较好，底宽6米，残高3米，夯层厚12～28厘米。东墙中部开门，宽5.5米，方向为140°。地表散布有较多陶片和板瓦、筒瓦残片等遗物，陶片纹饰多见绳纹、附加堆纹等，板瓦内腹多饰菱形网格纹，筒瓦内腹多饰细密绳纹（图4-91～图4-95）。

永胜堂障城地处灰腾梁西侧沟谷的最北端，为一座塞外障，与永胜堂烽燧、七苏木烽燧一起起到候敌瞭望的作用。

图4-91　永胜堂障城航片

图4-92 永胜堂障城远景（南—北）

图4-93 永胜堂障城俯瞰（西—东）

图4-94　永胜堂障城北墙和东墙（东北—西南）

图4-95　永胜堂障城内部（西北—东南）

永胜堂烽燧位于乌兰哈页苏木永胜堂村南800米处的高山顶部，北距永胜堂障城0.7千米，二者隔河谷对望。烽燧由墩台、坞和壕沟等遗迹组成。墩台呈圆形土堆状，直径20米，残高5米。坞位于墩台东侧，紧倚台体而筑，台体坍塌后覆压在坞址上；从地表大体轮廓来看，坞平面呈长方形，东西长10米，南北宽5米。最外侧为壕沟一周，平面呈椭圆形，东西较南北长，周长约120米，宽3米，深1米。地表可见铁器残片和饰有绳纹、水波纹、凹弦纹的陶片等遗物（图4-96）。

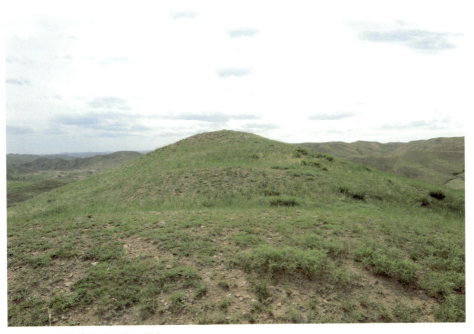

图4-96　永胜堂烽燧（东—西）

4.4.11　口子障城　位于卓资县复兴乡口子村西350米处的寨子山山顶上，北侧、南侧均临河谷断崖，西面为高山峻岭，因而障城仅于面临东坡的山前修筑了墙体，其他三面倚险而守，不筑墙体（图4-97）。

障城平面呈不规则形，东墙石砌而成，长110米，加上山险整个障城周长370米。由于受人为破坏因素较小，东墙除局部坍塌外，整体保存较好；现存墙体底宽8米，顶宽1～1.5米，外侧最高近10米，内侧高3～4.5米（图4-98）。东墙中部偏北处设一门，宽约2米，方向为110°。门址南侧墙体上加筑有2座马面。距门址近者马面稍大，长10米，宽6米，高近10米；距门址远者马面稍小，长、宽各5米，高近8米（图4-99）。稍大马面下方有2座房址的石砌基址，为方形或长方形，边长在4～9米。障城内保存有10座房址，均残存石砌基址，东墙内侧倚墙而筑有6座，不倚墙者有4座，亦均为方形或长方形，边长多在3～5米（图4-100）。城内采集有装饰粗绳纹、弦纹的陶片等遗物。

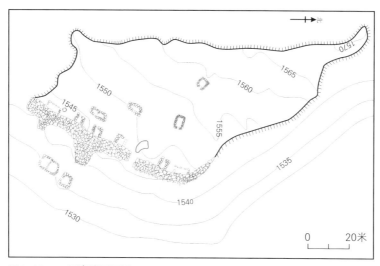

图4-97　口子障城平面图

图4-98　口子障城东墙远景（东—西）

图4-99　口子障城东墙顶部（南—北）

图4-100　口子障城内部（西北—东南）

　　障城南侧断崖下为东河，河口处建有玻勒库鸡水库；在障城北侧断崖下的河流上正在修建隆胜水库。置身障城而望，灰腾梁西侧沟谷尽在视野之中，一派襟山带河、控厄冲要的气象（图4-101）。

　　马面在城邑墙体之上的普遍使用，开始于北魏时期。口子障城东墙南侧筑有2座马面，为汉代城址所少见。口子障城东墙下临山崖，墙体上马面的主要功能在于防止墙体向下坍塌，主要起到护墙的作用，也有一定的军事防御作用，但与北魏城墙马面完全用于加强军事防御还有所差异。

　　4.4.12　破堡障城　位于卓资县复兴乡左家营村北1.2千米，地处大黑河支流右岸，S305省道柏油路于障城西侧经过。现障城墙体已完全消失，左家营村村民从障城墙体上取土是导致障城消失的主要原因（图4-102）。

图4-101　灰腾梁西北侧沟谷中新建的隆胜水库

图4-102　障城墙体消失的破堡障城地貌（北—南）

现障城所在为耕地，地垄之上散布有较多陶片和筒瓦、板瓦等残片。陶片纹饰多见绳纹、附加堆纹等；筒瓦外壁饰绳纹，内腹多饰布纹。

破堡障城应为一处候官治所，其所管辖的烽燧均已破坏无存。

4.5 三道营古城

灰腾梁汉长城的管理者，为设在三道营古城的西汉定襄郡东部都尉。

三道营古城位于卓资县梨花镇土城村，北依大黑山，西南望小平顶山，东西为大黑河河谷地带，城址坐落于大黑河与其一条被称为韭菜沟的季节性支流交汇处的台地之上，形成控扼河谷地带的态势，南侧有110国道穿过。

1957年，张郁对古城做了首次调查[1]。1987年，乌兰察布盟文物工作站与卓资县文物管理所在第二次全国文物普查中，对古城做了调查[2]。在长城资源调查中，对古城做了详细调查并进行了测绘（图4-103）。

古城分东、西两城。西城又分为南、北两城，北城西北角另有一座小城。西城东墙长570米，西墙长670米，南墙长495米，北墙东段长200米，西段（小城北墙）长280米。西城内南城与北城之间的东西向隔墙位于南墙向北230米处，东西向隔墙长495米。城墙均为夯土筑就，保存较好者底宽8~10、残高6~8米，夯层厚10~15厘米。在小城南部与北城之间原亦应有隔墙，由于农田耕种，现仅呈现为略高于地表的

1　张郁：《卓资县土城村的古城遗址》，内蒙古文物工作队编《内蒙古文物资料选辑》，内蒙古人民出版社，1964年版。
2　李兴盛：《内蒙古卓资县三道营古城调查》，《考古》1992年第5期。

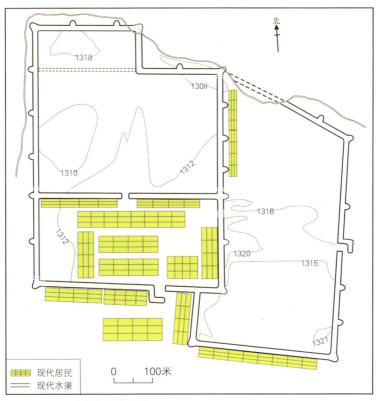

北

1318

1308

1310

1312

1312

1316

1320

1315

1321

▦ 现代居民
══ 现代水渠

0   100米

图4-103   三道营古城平面图

土垒。东墙、西墙之上各有马面5座,其中东墙南段的2座马面
损毁严重;北墙东段有马面1座,西段有马面2座;南城与北城
之间的东西向隔墙上不见马面。西城的东南、东北、西南三
角以及小城的东北、西北两角,均有角台。西城南墙东段开
门,门址宽10米,方向185°;外筑方形瓮城,边长30米;瓮
城门向东开,宽12米,方向100°。隔墙中部亦有一座门址,
宽8米,方向185°(图4-104~图4-107)。

东城西墙大部分借用了西城的东墙,另有一小段与西城
南墙相接,平面总体呈不规则四边形,东墙长570米,南墙
长380米,北墙长330米,与西城南墙相接的一小段西墙长130
米。城墙夯筑而成,东墙保存最好,底宽8~10、残高5~8
米,夯层厚15~17厘米;南墙上有近现代民居建筑于其中,保

辉腾锡勒草原

访古

图4-104　三道营古城东城东门瓮城

图4-105　三道营古城东城东墙

图4-106　三道营古城西城西墙局部

图4-107　三道营古城东城内部

存稍差；北墙西段被大黑河河水冲毁。东墙上完整保留有马面
3座，北墙残存马面1座，南墙马面已无存。东北、东南、西南
三角各有一角台。东墙中部开门，宽10米，方向100°；外筑
长方形瓮城，南北长45米，东西宽30米；瓮城门向南开，宽14
米，方向185°。

　　城内遗迹遗物主要分布于北城，西北角有两处院落基
址，院落南部有两座高台建筑基址，地表散布有建筑构件和陶
片等。建筑构件有绳纹砖、板瓦、筒瓦、卷云纹瓦当等，陶器
有釜、罐、盆、钵、豆、甑等。东城地表几乎不见任何遗物
（图4-108、图4-109）。

　　西城城墙大体同东城一样，保存得较为高大。但从古城
的布局来看，西城明显早于东城。西城城墙马面的夯土中包含
陶片较多，夯土土质与城墙夯土亦有所差异，可见西城城墙与
其上马面并非同一时期遗存。西城的年代主要在西汉时期，考
证为西汉定襄郡武要县县治，同时为定襄郡东部都尉治所；东

图4-108　三道营古城采集的陶片、瓦片

图4-109　三道营古城采集的板瓦

汉废治。部都尉秩俸比二千石，县令秩俸六百石。可见虽同处一城之中，定襄郡东部都尉的级别要较武要县县令为高。

从西城中散布的少量北魏遗物来看，北魏时期曾对西城做了沿用，加筑了西城城墙之上的马面，并新建了东城。初步推断，北魏沿用西城、新建东城发生于北魏泰常八年（423年），此年北魏在燕山至阴山一线、东起赤城西至五原修筑了一系列军事戍城，三道营古城为其中之一戍城，或名为武要城。

4.6　灰腾梁汉长城发现的意义

灰腾梁汉长城，作为新近甄别出来的西汉时期遗迹，不仅是国家长城资源调查的一个突破性成果，也是内蒙古中南部地区汉代文物考古的重大收获。其重要意义不仅在于年代的更正，还在于让我们对长城遗迹的认识更加全面，对汉代历史，特别是西汉历史的认识更加深入。

由于长城的各类遗迹保存较为完备，可以使我们近乎完整地复原西汉时期灰腾梁之上的长城防御体系，这在全国范围都是仅见的。居延地区的汉长城，由于出土有汉简，可以探寻西汉边塞的军事建制；而灰腾梁汉长城，则可以较为完整地复原西汉边塞的军事建制。

灰腾梁汉长城的军事建制为部都尉、候官、部、燧四级体系（表4-1）。从灰腾梁汉长城的分布范围与规模来看，应当是定襄郡东部都尉治下的军事辖区。部都尉管辖的候官，驻守于长城沿线及"塞上要险之处"的障城之中；在每个候官的管辖区，设有部、燧两级军事建制。灰腾梁汉长城共调查12座障城，其中确定管辖有3座以上烽燧的有6座。调查的69座烽燧中，可判断为部治所的烽燧共有13座，其中灰腾梁汉长城墙体沿线的三盖脑包障城、五道沟障城、大阳卜障城各管领3座。当然，绝大部分部治所烽燧同时也是燧的治所，绝大部分烽燧均驻守有燧长及其管领的兵士。

这道西汉长城，影响了汉匈和战，彰显了大汉天威，为包括都城长安在内的西汉政权核心地带提供了更加安全的外部守御屏障。这道长城虽然距离张骞所"凿通"的西域还非常遥远，但对于当时刚刚开辟出来的丝绸之路而言，其作用不可谓不大。简而言之，包括灰腾梁长城在内的西汉长城，充分表明汉武帝这位开辟西汉王朝鼎盛时期的一代英主，继踵赵武灵王、秦始皇北却楼烦、匈奴等部族的余绪，极大地拓展了西汉王朝的战略纵深，挤压了匈奴的活动空间。而匈奴作为游牧民族，也在与西汉王朝的对峙、共生过程中蜕变和发展。可以说，灰腾梁汉长城为丝绸之路的畅通提供了更加有力的保障。公元前后的两百年左右，万古岑寂的灰腾梁，其实曾经是旌旗猎猎、龙骧虎步。此后将近两千年，西汉长城成为陈迹，但灰腾梁继续上演着一幕幕历史的活剧，北方民族一次次向外扩张，影响了中国历史的走向，甚至也对世界历史的发展走向产生了深远的影响。这一点，恐怕是前人所未曾想象到的。

表4-1　灰腾梁汉长城候官、部、燧三级军事建制管理体系

候官（9座）	部（13座）	燧（66座）
桌子山障城		小桌子山烽燧
三岔子障城	十股地2号烽燧	十股地1号烽燧、十股地2号烽燧、十股地3号烽燧
三盖脑包障城	大东沟3号烽燧	大东沟1号烽燧、大东沟2号烽燧、大东沟3号烽燧、栗家堂1号烽燧、栗家堂2号烽燧、栗家堂3号烽燧
	栗家堂6号烽燧	栗家堂4号烽燧、栗家堂5号烽燧、栗家堂6号烽燧、三盖脑包1号烽燧、三盖脑包2号烽燧
	杏桃沟1号烽燧	三盖脑包3号烽燧、三盖脑包4号烽燧、杏桃沟1号烽燧、杏桃沟2号烽燧
五道沟障城	杏桃沟6号烽燧	杏桃沟3号烽燧、杏桃沟4号烽燧、杏桃沟5号烽燧、杏桃沟6号烽燧、七道沟烽燧、五道沟1号烽燧
	新教滩1号烽燧	五道沟2号烽燧、五道沟3号烽燧、新教滩1号烽燧、新教滩2号烽燧、新教滩3号烽燧
	隆胜义2号烽燧	新教滩4号烽燧、隆胜义1号烽燧、隆胜义2号烽燧、隆胜义3号烽燧、隆胜义4号烽燧
大阳卜障城	草垛山1号烽燧	宏盘1号烽燧、宏盘2号烽燧、草垛山1号烽燧、草垛山2号烽燧、草垛山3号烽燧
	大西沟4号烽燧	大西沟1号烽燧、大西沟2号烽燧、大西沟3号烽燧、大西沟4号烽燧、蓿麻湾1号烽燧
	大阳卜3号烽燧	蓿麻湾2号烽燧、大阳卜1号烽燧、大阳卜2号烽燧、大阳卜3号烽燧、大阳卜4号烽燧
独贵坝障城	大阳卜7号烽燧	大阳卜5号烽燧、大阳卜6号烽燧、独贵坝1号烽燧、独贵坝2号烽燧
	二道坝3号烽燧	二道坝1号烽燧、二道坝2号烽燧、二道坝3号烽燧、二道坝4号烽燧
米家湾障城	米家湾烽燧	牛口哈达1号烽燧、牛口哈达2号烽燧、米家湾烽燧、朱家湾烽燧、阳坡烽燧
永胜堂障城		永胜堂烽燧、七苏木烽燧
西梁障城		偏关卜子烽燧

如今，驻足于灰腾梁之上，人们流连其壮美的景观，殊不知我们脚下的每一片土地，都承载着太多的历史沧桑，尽管无言，却是厚重！正是文物考古工作者栉风沐雨、跋山涉水的辛勤付出，才使得先人的遗迹能够被我们感知。灰腾梁汉长城，其一道道墙体、一个个障城、一座座烽燧静静矗立，伴随岁月流淌，今天我们又在一定程度上将其"复原"了。从这个角度而言，灰腾梁长城其实是重新"出土"，尽管其遗迹并未完全淹埋于地下。当然，可以肯定的是，灰腾梁长城还埋藏着诸多秘密。限于学力不逮和资料匮乏，特别是缺乏考古发掘证据，目前还不能做更为深入的揭示。期待将来更为明确的那一天！

4.7 东汉撤治灰腾梁

西汉定襄郡设置于汉高祖十一年（前196年），位于云中郡东部、南部地区，主要包括了今天呼和浩特平原的东部和乌兰察布丘陵的西部、南部一带。据《汉书·地理志》，西汉定襄郡共辖12县，其中武要、襄阴、安陶、武皋等4县自东向西分布于大黑河沿岸，都武、复陆、成乐、定襄等4县则大体自东向西均匀地分布于乌兰察布丘陵区向呼和浩特平原的过渡地带，武进、武城、骆、桐过4县自东向西分布于浑河上游支流及浑河沿岸（表4-2）。定襄郡的设置，将今乌兰察布市西部、呼和浩特市南部的黄土丘陵区正式纳入了西汉王朝的国家行政区划管理之中，这是战国时期赵、秦两国和秦代都没能完全做到的。汉代以前，在这些山地之中，一直活动着戎狄之族，著名者如楼烦王，和赵国、秦国以及秦朝更多的是一种羁縻关系。《说文解字》释"襄"字曰："辟地有德曰襄。凡云攘地、攘夷狄皆襄之假借字也。"定襄郡的得名即由此而来。

在定襄郡的东侧，西汉于蛮汉山之中修筑了南北走向的

表4-2　西汉定襄郡县邑列表

序号	县名	今址	位置	战国秦汉时期沿革	备注
1	成乐	土城子古城	今呼和浩特市和林格尔县盛乐镇上土城村北1000米	西汉定襄郡郡治，始建于汉高祖十一年（前196年），东汉改属云中郡	古城分为南、中、北三城，其中南城为汉城，中城为北魏朔州治所，北城为唐代单于大都护府治所；辽、金、元时期继续沿用此城
2	桐过	城嘴子古城	今呼和浩特市清水河县小缸房乡城嘴子村西侧	莽曰椅桐，东汉沿用	西临黄河
3	都武	左卫窑古城	今乌兰察布市凉城县蛮汉镇左卫窑村北侧	莽曰通德，东汉废治	
4	武进	板城古城	今乌兰察布市凉城县永兴镇板城村东侧	西汉定襄郡西部都尉治，莽曰伐蛮，东汉改属云中郡	《汉书·地理志》：武进，白渠水出塞外，西至沙陵入河
5	襄阴	不浪沟古城	今乌兰察布市卓资县旗下营镇不浪沟村北侧	东汉废治	北临大黑河
6	武皋	二十家子古城	今呼和浩特市赛罕区黄合少镇二十家子西滩村东	西汉定襄郡中部都尉治，莽曰永武，东汉废治	《汉书·地理志》：武皋，荒干水出塞外，西至沙陵入河
7	骆	大红城古城	今呼和浩特市和林格尔县大红城乡大红城村南侧	莽曰遮要，东汉沿用	明代早期改筑为云川卫治所
8	安陶	陶卜齐古城	今呼和浩特市赛罕区榆林镇陶卜齐村东侧	莽曰迎符，东汉废治	《汉书·地理志》误作定陶
9	武城	榆林城古城	今呼和浩特市和林格尔县新店子镇榆林城村北侧	莽曰桓就，东汉沿用	《后汉书·郡国志》作武成，和林格尔汉墓壁画榜题亦作武成
10	武要	三道营古城	今乌兰察布市卓资县梨花镇土城子村	西汉定襄郡东部都尉治，莽曰厌胡，东汉废治	西城为汉城，北魏加筑了东城，并对西城做了沿用
11	定襄	黑城古城	今呼和浩特市托克托县新营子镇黑城村	莽曰著武，东汉改属云中郡	明代早期改筑为镇虏卫治所
12	复陆	西梁古城	今呼和浩特市赛罕区黄合少镇西梁村北侧	莽曰闻武，东汉废治	

蛮汉山汉长城，北端止于三道营古城（西汉定襄郡武要县、东部都尉治所），南端止于板城古城（西汉定襄郡武进县、西部都尉治所）。在秦代呼和浩特平原统治的基础上，通过定襄郡的设立，西汉向北、向东、向南均扩大了统治范围。

东汉时期，北方地区的行政管辖区全面收缩，定襄郡南移，西汉定襄郡的北部六县（武要、襄阴、安陶、武皋、都武、复陆）均撤治。从西汉云中郡、定襄郡到东汉时期属县变化的情形来看，到了东汉，西汉定襄郡对呼和浩特平原东部、乌兰察布丘陵西部的直接行政管理已经放弃。转而向南，呼和浩特平原与黄土丘陵区的交界地带，归属于云中郡管辖；再向南以浑河流域为中心的呼和浩特市黄土丘陵区，仍由南迁的定襄郡管辖。

东汉行政管辖区在北方地区的全面收缩，主要原因有两个方面：其一，东汉初年，战乱之后返回北方郡县的中原移民较西汉时期大大缩减，已无法充实西汉原有郡县；其二，南匈奴、乌桓等北方民族南下，布列于原西汉边塞内外，为东汉王朝葆塞。光武帝建武二十五年（公元49年）岁末，乌桓布列于东汉辽东属国、辽西、右北平、渔阳、广阳、上谷、代、雁门、太原、朔方等缘边十郡；在此前后，南匈奴陆续入居北地、朔方、五原、云中、定襄、雁门、代郡。"至此，从最西的北地，绵延到最东的辽东属国，中无缺环，总计十四郡，皆有乌桓、南匈奴与东汉军民错杂而居，助为扞成，形成了一道完备的对付北匈奴和鲜卑的防御体系"[1]。东汉王朝以这种与北方民族的军事联盟政策，在一定程度上替代了长城防御体系。原西汉定襄郡北部六县之地，到东汉成为南匈奴的游牧地，灰腾梁之地也不例外。

1　曹永年：《关于拓跋地境等讨论二题（摘录）》，见田余庆《拓跋史探》，生活·读书·新知三联书店，2011年版。

东汉初年，灰腾梁地区起先为南匈奴的游牧地。东汉中晚期以来，鲜卑人逐步进入阴山南北地区，与南匈奴、乌桓等游牧部落杂居错处。随着公元91年北匈奴西迁，鲜卑迁徙占据匈奴故地，十余万落匈奴人并入鲜卑，鲜卑势力大盛，与汉时战时和。公元2世纪中叶，檀石槐被推举为鲜卑大人，在高柳（在今山西省阳高县）北三百里的弹汗山啜仇水畔建立牙帐，控驭东、中、西三部大人，将内蒙古草原大部纳入鲜卑军事部落大联盟的统治之下，与东汉王朝南北对峙。从今山西省阳高县经黄旗海向北三百里（汉代1里约等于现代415.8米），大约到达了今灰腾梁东部的察右后旗白音察干镇一带。弹汗山或即为灰腾梁，灰腾梁东侧的白音察干镇附近有霞江河，向南汇入黄旗海的内流河霸王河，霸王河及其支流霞江河或即为啜仇水。檀石槐牙帐虽然不能确指，但大范围上应是在灰腾梁地区，此时的灰腾梁已经由南匈奴的游牧地转为鲜卑控制。

公元220年，曹丕代汉称帝。中国历史进入了政权更迭频繁的魏晋南北朝时期。魏晋时期，拓跋鲜卑部落以今呼和浩特平原为基地，不断发展壮大。公元295年，拓跋部一分为三，禄官一部"在上谷北，濡源之西"（今河北省张家口市坝上地区），猗㐌一部"居代郡之参合陂北"，猗卢一部"居定襄之盛乐故城"（今呼和浩特市赛罕区八拜古城）。猗㐌部驻牧的"代郡之参合陂北"，指今黄旗海以北的乌兰察布丘陵地区，包括灰腾梁在内。

猗㐌、禄官先后去世，猗卢统领三部。公元310年，猗卢被西晋加封为代公；315年，自称代王。316年，猗卢被其子六修杀害，拓跋代国陷入内乱。324年，拓跋代国惠皇帝贺傉临朝，"以诸部人情未悉款顺，乃筑城于东木根山，徙都之"（《魏书·序纪》）。据内蒙古大学出版社莫久愚先生考证，北魏时的木根山为今乌海市东部的桌子山，以形似木根（树木被砍之后的

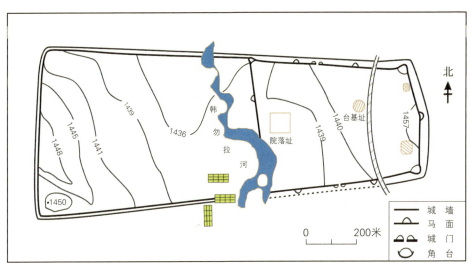

图5-1　克里孟古城平面图

树桩）而得名[1]。那么东木根山在什么地方呢？灰腾梁一带山峦形态的重要特征就是顶部平坦，桌子山、平顶山、圆旦山、磨子山一类的山名众多。贺傉为猗㐌之子，极有可能迁都于其父故地。由此推测，东木根山就在灰腾梁一带。

　　公元376年，前秦苻坚进攻代国。代王什翼犍被击败，部落离散，代国灭亡。386年，什翼犍嫡孙拓跋珪在舅部贺兰部的支持下，于牛川即代王位，不久改称魏王。牛川为今灰腾梁以北、以察右后旗韩勿拉河流域为中心的这一片区域，即察右后旗中部草原。拓跋珪在牛川建立了北魏历史上的第一个都城——牛都。韩勿拉河流域有北魏时期的克里孟古城，经考证为北魏柔玄镇镇城，柔玄镇或即建于北魏初年的牛都之上（图5-1、图5-2）。

1　莫久愚：《〈魏书〉木根山地望疏证》，《内蒙古社会科学》2011年第4期。

5 魏晋北朝时期的灰腾梁

图5-2 克里孟古城航片

　　在拓跋代国及北魏早期的历史上，还有一个重要性仅次于"定襄之盛乐"的主要活动地域，即"代郡之参合陂"。自公元295年拓跋猗㐌一部"居代郡之参合陂北"开始，参合陂一名屡见于《魏书》的记载。如，公元339年，代王什翼犍"朝诸大人于参合陂，议欲定都灅源川"；371年，道武帝拓跋珪出生于参合陂北；395年，道武帝拓跋珪率领两万北魏军长途奔袭，在参合陂大败后燕太子慕容宝率领的八万后燕军；北魏建都平城之后，道武帝拓跋珪、明元帝拓跋嗣屡次北巡，参合陂是重要的驻跸地之一，道武帝曾于参合陂"筑北宫垣"。

　　拓跋珪于公元371年出生于参合陂北，即今黄旗海以北的黄旗海盆地。今天，凉城县一直在打造拓跋珪出生地文化，非也；拓跋珪，集宁人也。简单地说，黄旗海在汉代名为参（叅）合，与代郡参合县不在一个地方；魏晋至北魏早期称参（叅）合陂，与北魏凉城郡参合县也不在一个地方。郦道元《水经注》对参（叅）合陂的地望记载有误。

　　迁都平城之后，道武帝拓跋珪等北魏前期的几个皇帝仍然要不定期北巡阴山，以至形成了固定的所谓"阴山却霜"之俗。道武帝拓跋珪于天赐三年（406年）、明元帝拓跋嗣于泰常元年（416年），均曾驾临灰腾梁。《魏书·太祖纪》关于道武帝拓跋珪于天赐三年八月上梁的记载，有"西登武要北原，观九十九泉，造石亭，遂之石漠"的系列记述。这是灰腾梁及其上的九十九泉第一次明确出现于官方正史之中。武要指汉代武要县，治今三道营古城；灰腾梁为位于武要县北部的高原，故而有武要北原之称。九十九泉与石亭，前文均已有解释。当时的灰腾梁汉长城虽有残损，但墙体与亭障依然高大雄伟。观览之后，作为游牧民族皇帝的道武帝或许对此不以为意，但随行的中原汉人文士也许会发思古之幽情。

　　泰常八年（423年），北魏依托于燕山至阴山一线，设置了一道戍卫线。《魏书·太宗纪》记载：泰常八年"二月戊辰，筑长城于长川之南。起自赤城，西至五原，延袤二千余里，备置戍卫。"依据这一条史料，考古学界一般认为北魏王朝依托于阴山一线，修筑有泰常八年长城。但细辨该史料，这里所筑"长城"，并非现代意义上的长城，而是位于长川的一座城邑，具体地点为今兴和县民族团结乡元山子土城子古城，《水经注》称作长川城[1]。《魏书·天象志》有同样记载：泰常"八年春，筑长城，距五原二千余里，置守卒，以备蠕蠕"。这里的长城，也是指长川城。

"起自赤城，西至五原，延袤二千余里"的戍卫线，经考古调查，结合相关史料记载，可知现存主要遗迹为戍城。这些戍城，在《魏书》《水经注》的记载中零散可见，考古调查亦有所发现，自东向西包括赤城、大宁城、长城、参合城、武要城、白道城、塞泉城、五原城等，形成了燕山-阴山以南的一个戍城带。如赤城约在今河北省赤城县县城一带，五原城为今包头市九原区孟家梁古城。三道营古城的东城，初步推断亦为这一时期增筑的一座戍城，或仍名为武要城，武要城对三道营古城西城亦做了加筑沿用。

长城为兴和县元山子土城子古城，位于民族团结乡张家村中，东部为山脉，南部为丘陵，城南有座小山叫元山子，西、北两侧为开阔的川地。从胜利水库下来的一条河自西北流向东南，鸳鸯河自东北流向西南，两河于古城南交汇，交汇之后的河流称后河，属于东洋河上游支流。因现代村落建于城内，城址受破坏较为严重。城址平面呈不规则四边形，东墙长390米，南墙长380米，西墙长330米，北墙长400米。城墙为夯筑土墙，北墙东段和东墙北段保存较好，墙体底宽6～20米，顶宽约3米，残高2～4米。除城区西南角保留一座土筑台基址外，因村

1　常谦：《北魏长川古城遗址考略》，《内蒙古文物考古》1998年第1期。

北

1229
1225

1225

1222

1221

1220

城　墙
现代居民
现代道路

0　　　　　100米

图5-3　元山子土城子古城平面图

落建设，其他相关遗迹俱已消失（图5-3）。古城地表散布遗
物较丰富，多金元时期的白瓷罐、白瓷碗、青砖等，表明金元
时期古城内分布有村落；北魏时期陶器亦较多，如束颈陶壶残
片和饰戳印纹、水波纹、凹弦纹、网格状暗纹的陶片等。

　　关于于延水源头，《水经注·㶟水》有"水出塞外柔玄
镇西长川城南小山"的记载。著名历史学家严耕望先生主要依
据文献考证认为：于延水即今洋河，其源头位于今兴和县境
内[1]。根据实际考古调查成果，于延水源头在柔玄镇以东的长
川城南，由此推断元山子土城子古城为北魏长川城，是可信

1　严耕望：《北朝隋唐东北塞外东西交通线》，见其所著《唐代交通图
　　考》第五卷，上海古籍出版社，2007年版，第1778页。

的。元山土城子古城北略偏东33公里处为河北省尚义县哈拉沟古城。该城址只能是柔玄镇之东的怀荒镇。怀荒镇、长川城南北一线，为《魏书》屡有记载的长川，是阴山山脉与燕山山脉之间的一个南北向平川区；从长川向东进入洋河谷地，即代谷。公元220年，拓跋力微依附于没鹿回部，曾率部驻牧长川。北魏建立后，长川为北出漠南的重要通道之一。明元帝拓跋嗣泰常二年（417年）开始临幸长川，太武帝拓跋焘曾于长川筑马射台。

参合陂北应有一座北魏戍城，或名为参合城。在《中国文物地图集·内蒙古自治区分册》中，察右前旗黄旗海西北有一处北魏遗址，位于三号地乡土城子村东北约750米，名为土城东遗址[1]；土城子村西北约400米处有一处金、元时期的古城遗址，名为城卜子城址[2]。在2015年秋天对这两处遗址的复查中，地表均已不见相关遗存；后向察右前旗文物管理所罗京明所长问询，他说的确在这一区域之内曾经看到过城墙遗迹。初步推断，该古城的情况与长川城类似，北魏时期的城址为金、元沿用；土城东遗址与城卜子城址应该是同一个遗址，分布于土城子村附近，相关遗存遭村庄与耕地破坏不存，暂名为之三号地土城子古城。参合城东去长川城约65公里，西去三道营古城约60公里。

在构建了泰常八年燕山-阴山戍卫线后，从5世纪30年代开始，北魏又开始于阴山以北的漠南草原之上修筑六镇等镇城。早期六镇从西向东依次为沃野、怀朔、抚冥、柔玄、怀荒、御夷；公元470年以后，武川镇建立，此后武川镇取代御夷镇成为六镇之一，御夷镇降格为御夷城。在灰腾梁之北的原

---

1 国家文物局主编《中国文物地图集·内蒙古自治区分册》（下册），西安地图出版社，2003年版，第510页。
2 同注1，第514页。

牛都之地，修筑有柔玄镇。在柔玄镇的东、西两侧，各有一座戍城，对柔玄镇起到护卫作用，并起到东与怀荒镇、西与抚冥镇的沟通作用。东侧戍城为位于今察右后旗白音察干镇的白音察干古城，西侧戍城为位于今察右中旗广益隆镇的元山子古城。在元山子古城西南约10公里左右，发现有北魏时期的七郎山墓地，初步推断这批墓葬即是守卫该戍城的高车部落遗存，年代约在5世纪中后期[1]。

六镇的镇兵以降附的高车部落为主，兼有鲜卑、汉人等民族。游防是北魏六镇防御的主要特点，符合游牧民族移动作战的方式。北魏中后期，汉族大臣依据前朝规制，向皇帝提出了在六镇之北修筑长城的建议。这是违背游牧民族习惯的，可以说是一种"腐儒"之论，在边疆地区并不能够推行。

历史与考古学界一般认为，北魏是入主中原的北方游牧民族政权中第一个修筑长城的。其实，这种观点是非常值得商榷的。

太平真君七年至九年（446～448年），北魏修筑畿上塞围。据《魏书·世祖纪》记载：北魏太武帝拓跋焘于太平真君七年"六月丙戌，发司、幽、定、冀四州十万人筑畿上塞围，起上谷，西至于河，广袤皆千里"。九年二月，"罢塞围作"。关于畿上塞围的具体走向及相关遗迹，迄今尚无定论。既言畿上，应是围绕京畿之地而修筑。据《魏书·食货志》记载："天兴初，制定京邑，东至代郡，西及善无，南极阴馆，北尽参合，为畿内之田。"分析"北尽参合"的语义，应是将参合陂及其所在的黄旗海盆地均包括于"畿内之田"之中，只有到灰腾梁才属于"畿外"。

在对灰腾梁汉长城的调查过程中，于灰腾梁之上发现了

1 王新宇、魏坚、郝晓菲、李言：《察右中旗七郎山墓地》，见内蒙古自治区文物考古研究所编、魏坚主编《内蒙古地区鲜卑墓葬的发现与研究》，科学出版社，2004年版。

一类类似于汉代烽燧、但又有所差异的遗迹，经反复考察，初步推断可能属于畿上塞围的遗存。为区别于汉长城烽燧，定名为烽戍。北魏烽戍的构筑思路，来源于汉代烽燧，也有墩台、坞、积薪垛等设施，但二者之间的差异也是极为显著的。首先，墩台形制、大小不一样。汉代烽燧的墩台一般是内部夯筑、外部石筑的方形台体，如今坍塌后的遗迹较北魏烽戍墩台坍塌后的遗迹小一些；北魏烽戍墩台现在所见遗迹多为一个大石堆，部分台体可见砌筑痕迹，为一个八棱形的石砌台体，个别烽戍有两个、甚至三个墩台并列。其次，北魏烽戍的坞、积薪垛不如汉代烽燧那么规范，有的烽戍在墩台旁侧建有一个汉代烽燧未有的夯土台基。第三，汉代烽燧地表散见陶片等遗物较多，而北魏烽戍仅偶尔可采集到少量陶片。最后，汉代烽燧是与长城墙体、障城相结合的防御体系，烽燧相互之间距离较近，且不一定占据制高点修筑；而北魏烽戍则是一个个独立的防御单位，均修筑于山体的制高点之上，相互间亦可两两相望，但距离较远，从几公里到数十公里不等。

在灰腾梁及周边地区，共调查确认北魏烽戍遗址46座，分布于乌兰察布市集宁区、兴和县、察右前旗、察右中旗和卓资县等旗县。自东向西有数条线路绵延分布，同一条线路之上的烽戍可两两相望，不同线路之上的烽戍有时亦可交叉相望。根据分布情况，大体可分为南、北、东三条分布线路，其中南线烽戍9座、北线烽戍32座、东线烽戍5座（图5-4、图5-5）。

南线烽戍主要分布于灰腾梁南侧的哈达图谷地、霸王河谷地及谷地南侧山梁顶部，与北线烽戍隔哈达图谷地及霸王河谷相望。根据南线烽戍所处位置，可分为两条分布线路，一条在河谷之中，一条在河谷之南的山顶之上。哈达图谷地及霸王河河谷之中的烽戍分布于低缓川地中，因地处较低矮的谷地及村庄附近，现仅保留3座，沿着河谷南岸大体由西向东分布，依次为共和烽戍、风雪湾烽戍、宋泉烽戍。霸王河河谷之南山顶上的烽戍均处于高山顶部，大体方向为自西向东，再折向东南，下接东线八大顷烽戍；共调查烽戍6座，由西向东依次为孔家沟烽戍、后温都花烽戍、哈宝泉烽戍、大土城烽戍、章盖营烽戍、二台沟烽戍。

北线烽戍均分布于灰腾梁上，根据分布走向及位置，又可分为内、外两线。共调查烽戍32座，其中外线烽戍26座、内线烽戍6座。

外线烽戍分布于整个灰腾梁的外侧边缘顶部，环绕灰腾梁一周，整体呈不规则椭圆形布局。自灰腾梁东南端向西，外线烽戍依次为大泉子烽戍、圣母堂烽戍、罗家烽戍、五里坡烽戍、窑卜烽戍、元家房子烽戍、胜利烽戍、圪臭坝烽戍、七〇八微波站烽戍、察干朝鲁烽戍（图5-6），以上属外线烽戍的南段烽戍线；自察干朝鲁烽戍折向西北至老窑沟烽戍（图5-7），再折向东北至脑包图烽戍（图5-8），又折向东南经

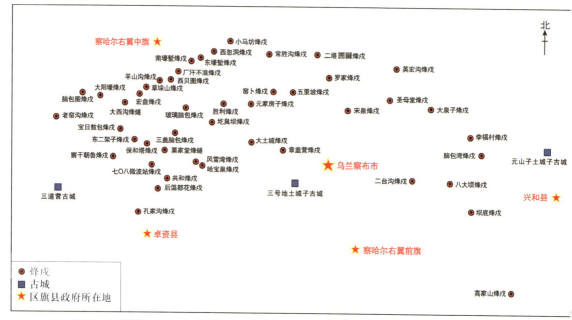

图5-4　灰腾梁北魏烽戍分布示意图

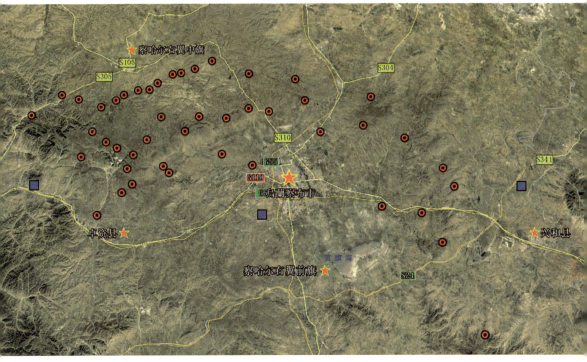

图5-5 灰腾梁北魏烽戍分布地形图

大阳壕烽戍至大西沟烽戍（图5-9），以上属外线烽戍的西段烽戍线；再西南起自大西沟烽戍，向东北方向经宏盘烽戍（图5-10）、草垛山烽戍（图5-11）、羊山沟烽戍（图5-12）、西贝图烽戍（图5-13）、厂汗不浪烽戍（图5-14）、南壕堑烽戍（图5-15）、东壕堑烽戍、西忽洞烽戍，至小马坊烽戍为止，以上属外线烽戍的北段烽戍线；接小马坊烽戍后折向东南，经常胜沟烽戍、二塔圐圙烽戍、英宏沟烽戍，至大泉子烽戍与南段烽戍线起点汇合，以上属外线烽戍的东段烽戍线。外线烽戍相互之间距离远近不一，远者在15～20千米，近者在3～7千米。

内线烽戍以防御辉腾锡勒草原为主要目的，烽戍线大体呈圆形分布，围绕辉腾锡勒草原一周。其中，内线烽戍北段利用了外线烽戍部分烽戍，利用范围大体在大西沟烽戍至羊山沟烽戍之间。内线烽戍共调查6座烽戍，以顺时针方向排列，依次为玻璃脑包烽戍（图5-16），三盖脑包烽戍（图5-17），栗家堂烽戍，保和塔烽戍，东二架子烽戍（图5-18、图5-19），宝日敖包烽戍，玻璃脑包烽戍北接外线烽戍之中的羊山沟烽戍。内线烽戍围绕辉腾锡勒草原东、南、西三面，在西北侧与大西沟烽戍汇合。内线烽戍间距一般在3~8千米。

东线烽戍大体呈南北向分布，分布于乌兰察布市集宁区、察右前旗与兴和县之间的南北向山脉（或即《魏书》记载的石漠）顶部。调查确认烽戍5座，自北向南依次为李福村烽戍、脑包湾烽戍、八大顷烽戍、坝底烽戍、高家山烽戍。

除个别烽戍周边散布较多陶片外，绝大部分烽戍上均很难采集到遗物，仅偶尔可见个别陶片（图5-20、图5-21）。

图5-6　察干朝鲁烽戍（北—南）

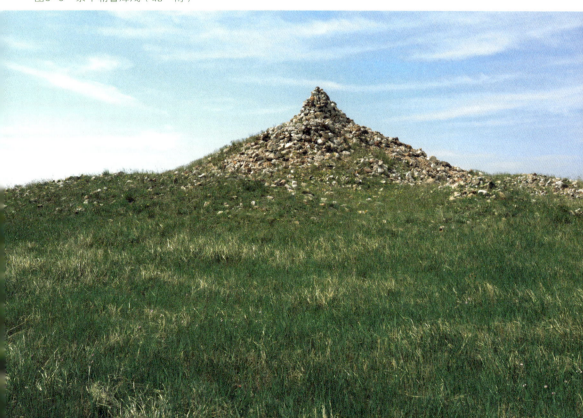

图5-7　老窑沟烽戍（东—西）

图5-8　脑包图烽戍（南—北）

辉腾锡勒草原
访古

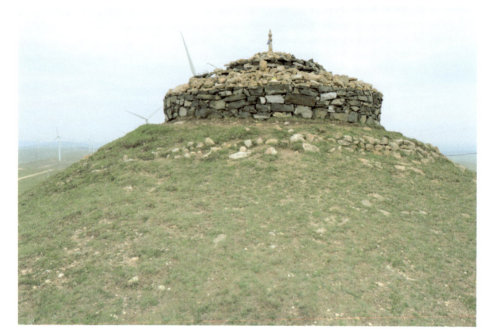

图5-9　大西沟烽戍（西—东）

图5-10　宏盘烽戍（南—北）

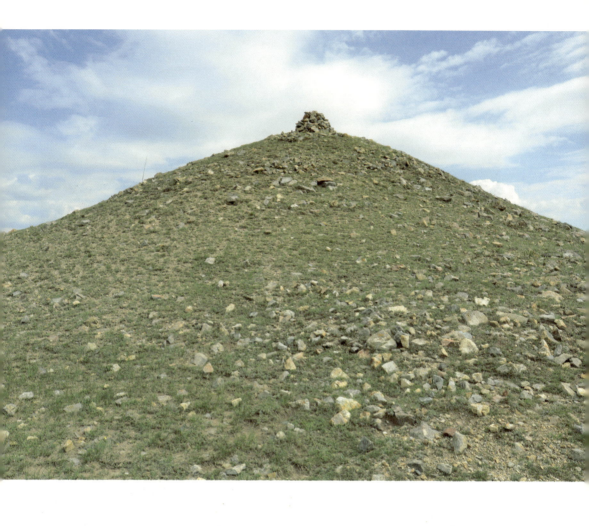

图5-11　草垛山烽戍（西南—东北）

图5-12 羊山沟烽戍（南—北）

图5-13 西贝图烽戍（北—南）

图5-14　厂汗不浪烽戍（北—南）

图5-15　南壕堑烽戍（西南—东北）

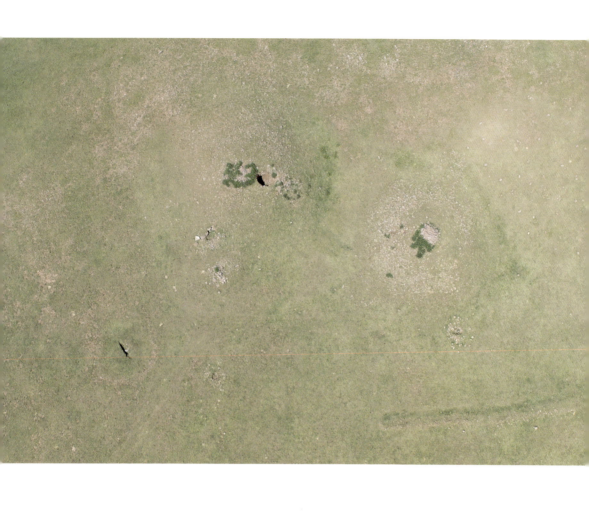

图5-18　东二架子烽戌航片

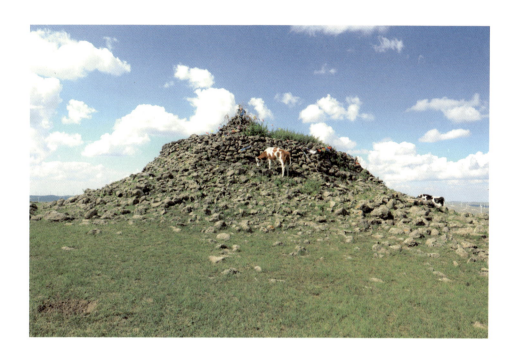

图5-16　玻璃脑包烽戍（南—北）

图5-17　三盖脑包烽戍（南—北）

图5-19　东二架子烽戍（东北—西南）

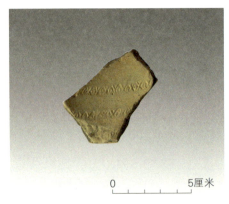

图5-20　二台沟烽戍采集的陶片内侧纹饰　　图5-21　坝底烽戍采集的陶片内侧纹饰

　　以前的调查中，将后温都花烽戍、宏盘烽戍、大西沟烽戍等均视为灰腾梁汉长城的烽燧，现在看来是不正确的。以后温都花烽戍为例，位于卓资县巴音锡勒镇后温都花村东南700米处的山顶上，东北距七〇八微波站烽戍6千米，西南距孔家沟烽戍7.7千米。烽戍墩台以石块堆砌而成，现为一座高大的圆形石堆，底部直径30米，顶部直径5米，高4～5米。石堆南侧有一道半圆形的土石混筑墙体，墙体的北半部压在石堆之下，可见的南半部长15米。墙体宽约1.5米，残高不足1米。初步推断，该段墙体当为原来分布于墩台旁侧坞的墙体。紧邻墩台东侧有一座土石混筑的方形台基，顶部较平坦；台基底宽顶窄，底部边长20米，顶部边长15米，高2米。墩台南侧5～7米处，东西一字排列有14个圆形小石堆，规模大体一致，直径均在1.5米左右，或为积薪垛遗迹（图5-22）。

　　再如小桌子山烽燧，位于卓资山镇孔家沟村北侧1.2千米处的小桌子山之上，的确为灰腾梁汉长城的烽燧。小桌子山烽燧位于小桌子山山顶东侧的小山丘之上，在其西侧约0.28千米的山顶平坦之处，可见墩台、夯土台基等遗迹，以前均认为是小桌子山烽燧的组成部分。在确认北魏烽戍的前提下，将小卓资山烽燧西侧山顶处的遗迹排除于小桌子山烽燧之外，重新认定其为北魏烽戍，并命名为孔家沟烽戍。

孔家沟烽戍由墩台、夯土台基两部分组成。墩台为火山岩砌筑而成，现已坍塌为圆形石堆状，底部直径约13米，残高0.7~1.5米。墩台中部有现代人挖掘的大坑，呈锅底形。紧邻墩台东侧有一座圆形台基，土石混筑而成，直径约17米。台基顶部有直径约3米、残高约0.5米的圆形石堆（图5-23、图5-24）。台基周边散落有少量泥质灰陶、褐陶陶片，纹饰有细绳纹、弦纹等。

图5-22　后温都花烽戍墩台（东—西）

图5-23　孔家沟烽戍墩台（东南—西北）

图5-24　孔家沟烽戍航片

　　灰腾梁及黄旗海东岸南北向山梁之上发现的烽戍遗迹连绵分布，明显起到对黄旗海的护卫作用。在九十九泉所在的辉腾锡勒草原，烽戍分布尤为密集，对九十九泉有重点保卫的意图。参合陂作为"畿内之田"，应在畿上塞围的保护范围之内，所以将这些烽戍遗址认定为畿上塞围的一部分，还是较有说服力的。从灰腾梁畿上塞围的总体分布态势来看，卓资县卓资山镇以南的山系亦应分布有相关遗迹，有待进一步调查认定。

　　北魏早期，皇帝北巡阴山多走"参合道"，从平城向北经参合陂到达阴山地区。畿上塞围修成之后，北魏皇帝北巡一般不再走参合道了，而是从平城向西，经今杀虎口到达朔州

（今和林格尔县土城子古城），再进入阴山。参合陂地位逐渐下降，到郦道元时代，已经不知真正的参合陂位于何地了。他在《水经注》中将黄旗海记作南池，池方五十里，俗名乞伏袁池。乞伏袁池的得名，可能与当时乞伏鲜卑部落活动于黄旗海盆地有关。

在灰腾梁之上，北魏遗存除属于畿上塞围的烽戍之外，还有一座定名为浪素海古城的小城，或亦为北魏城址。

浪素海古城位于察右中旗辉腾锡勒园区火盘沟村东北11.7千米，修筑于平坦的台地上。古城平面呈长方形，南北长74米，东西宽57米。墙体土筑，保存程度较差，呈凸出于地表的土垅状，宽9米，残高1～2.5米。西墙偏北处有一处门址，宽5米，方向为45°（图5-25、图5-26）。

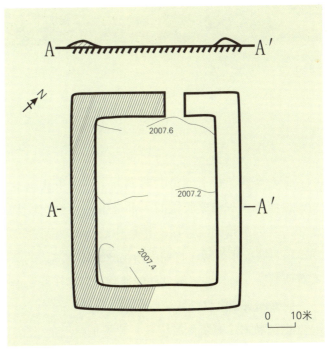

图5-25　浪素海古城平、剖面图

图5-26　浪素海古城远景（西南—东北）

在对灰腾梁汉长城最初的调查中，由于认识不到位，看到该古城位于灰腾梁长城的中部地带，且面积较大，便错误地认为其为灰腾梁汉长城的指挥中心所在。经进一步复查发现，该古城墙体低矮，与周边西汉障城较为高大的墙体构筑方式有所差异，而且地表不见任何遗物。有鉴于此，浪素海古城并不能够和灰腾梁汉长城关联起来。

据《魏书·源贺传》记载，北魏正始二年（505年），大将源怀统领六镇期间，曾上表宣武帝元恪，建议在六镇之间

"筑城置戍，分兵要害，劝农积粟"，通过加筑城戍，增强防御能力，宣武帝同意了他的表奏，"今北镇诸戍东西九城是也"。"今北镇诸戍东西九城是也"，或可句读为"今北镇诸戍、东西九城是也"，即增筑了北镇诸戍和东西九座戍城。关于北镇诸戍，在六镇及各戍城所在河流的沿岸，发现有许多边长一般在200米之内的小城，城内散布遗物极少，偶尔可采集到北魏陶片。结合六镇及诸戍城的分布，初步推断这些小城或为北魏晚期增设的"北镇诸戍"。从浪素海古城的形制来看，极有可能属于北魏时期的"北镇诸戍"之一，驻守于九十九泉。

隋炀帝到过灰腾梁吗 6

帝王巡狩，在历史上都是非同一般的事情。隋代虽然短寿，但隋炀帝却有过两次北巡，直接关涉今天的内蒙古中西部地区，特别是阴山地区（图6-1）。相关史料主要见于《隋书》记载[1]。第一次是大业三年（607年）的紫塞巡访。次年，即大业四年，再度巡幸北方，不过这一回由今鄂尔多斯向西。史料中均未直接提及隋炀帝到过今天的灰腾梁。

内蒙古师范大学的张文生、曹永年二位教授曾撰有专文，将灰腾梁与突厥启民可汗、隋炀帝杨广联系了起来，认为隋炀帝大业三年的紫塞巡访，到达的启民可汗牙帐位于九十九泉[2]。

张文生、曹永年二位先生还具体论及隋炀帝这次出巡的日程：隋炀帝八月初六从榆林（今准格尔旗十二连城古城）出发，初九到达启民可汗牙帐，路上行程共四天；顺着金河（今大黑河）从十二连城古城到灰腾梁的距离约有150公里，隋炀帝的队伍平均一天走40公里左右，四天正好到达九十九泉。

关于隋炀帝紫塞巡访的规模及目的，王光照《隋炀帝大业三年北巡突厥简论》一文有着很好的论述[3]，可以参看。对于张文生、曹永年文，我们认为，有以下几点值得商榷。首先，根据文献记载，隋炀帝的巡访，有带甲之士50余万、马10余万匹，他本人乘坐着庞大机巧的观风行殿，巡行队伍还携带有驻跸所用的规模恢宏的行城。这样庞大的队伍，行动速度必然迟缓，从榆林东渡黄河就至少需要一天，在余下的三天之内根本不可能到达灰腾梁，最多走四五十公里的样子。何况，隋炀帝是摆威风、显排场的，不是急行军。其次，在从榆林出发

1　《隋书·炀帝纪》大业三年："八月壬午，车驾发榆林。乙酉，启民饰庐清道，以候乘舆。帝幸其帐，启民奉觞上寿，宴赐极厚。"《隋书·突厥传》："帝亲巡云内，溯金河而东北，幸启民所居。"

2　张文生、曹永年：《隋炀帝所幸启民可汗牙帐今地考》，《中国边疆史地研究》1998年第3期。

3　王光照：《隋炀帝大业三年北巡突厥简论》，《安徽大学学报》2000年第1期。

图6-1 隋炀帝像

传阎立本所绘《历代帝王图》

之前，据《隋书·炀帝纪》记载，隋炀帝曾经"发丁男百余万筑长城，西距榆林，东至紫河，一旬而罢，死者十五六"。这道长城从榆林沿着南流黄河西岸向南，至紫河（今浑河）入黄河口处，再向东转至紫河南岸，实际上隋炀帝修筑的是一道以黄河、紫河为自然河险防御的长城，有人称之为"紫塞长城"。紫塞长城的黄河内侧为榆林郡，紫河内侧为定襄郡

（郡治大利县亦当位于紫河以南，约在今山西右玉县右卫镇苍头河东岸右卫城），防御的对象为虽已羁縻于隋朝，但仍摇摆不定的突厥启民可汗部众。此时，紫河作为界河的重要性突显了出来，从隋代直至唐代早期，中原王朝时常以紫河与突厥为界。担任长城修筑总监的阎毗，征发民夫百余万，用十来天时间筑就，可谓是兴师动众的急役，结果"死者十五六"，即一半还多。隋炀帝之所以急于修筑这道长城，是专为赴启民可汗牙帐做准备的，炀帝对突厥有着戒备心理，唯恐一旦情况有变，可以迅速退到长城之内。从紫塞长城的修筑方位来看，北面正对的是当时称作"白道川"的今呼和浩特平原，也是隋炀帝北巡的终点站。第三，隋炀帝北巡南返时，启民可汗曾"扈从入塞，至定襄，诏令归藩。"《隋书·突厥传》的这条记载表明，启民可汗曾扈从隋炀帝南返，过紫塞，进入了隋朝的定襄郡辖区后，启民可汗才返回驻牧地。隋炀帝继续前行，从定襄郡至马邑郡（郡治善阳，今山西朔州），南过楼烦关，经太原回到了洛阳。

综此，隋炀帝到达的启民可汗牙帐应该在今呼和浩特平原的大黑河畔。隋开皇二十年（600年），隋文帝曾为启民可汗修筑金河、定襄二城居住，均位于今呼和浩特平原。初步推断，金河城可能是加筑沿用了西汉云中郡阳寿县故城（今托克托县蒲滩拐古城），定襄城可能是加筑沿用了战国秦汉时期的云中故城（今托克托县古城村古城）。古城村古城北临大黑河，西南距十二连城古城的直线距离近40公里，或即隋炀帝到达的启民可汗牙帐所在。古城村古城距其东北的呼和浩特市主城区尚有40余公里，距离灰腾梁则更在130公里开外。至于从十二连城古城到灰腾梁的距离，直线距离即有一百六七十公里。两地之间的道路里程，则近于200公里。因此，隋炀帝巡幸到达灰腾梁的说法，基本上可以否定。

以上结合史料和遗迹分析了隋炀帝紫塞北巡的举动。

另外，隋炀帝紫塞巡访，有御诗《幸塞北——云中受突厥主朝宴席赋诗》流传了下来。诗的副标题提到隋炀帝是在"云中"接受了突厥启民可汗的朝拜。战国赵武灵王于呼和浩特平原始建云中郡，郡治为今古城村古城，秦汉沿用为云中郡云中县，北魏设云中镇。自战国以来，云中又成为呼和浩特平原的一种泛称，北魏时期称作云中川。《幸塞北》诗副标题中的"云中"地名，可为隋炀帝紫塞巡访抵达呼和浩特平原又添一证据。

具体诗文如下：

鹿塞鸿旗驻，龙庭翠辇回。
毡帐望风举，穹庐向日开。
呼韩顿颡至，屠耆接踵来。
索辫擎膻肉，韦鞲献酒杯。
何如汉天子，空上单于台。

此诗用典较多，如鹿塞、龙庭、呼韩、屠耆、索辫、韦鞲、单于台等。

鹿塞，为鸡鹿塞的简称。汉代的鸡鹿塞后来成为边塞的代名词，诗词中为了对仗工整，或称鸡塞、鹿塞。鸡鹿塞中的"鸡鹿"二字，与鸡、鹿没有关系，应为匈奴语，或为现代蒙古语"石头"（chilagu，汉文直音作"乔鲁""楚鲁""朝鲁"等）一词的词源。鸡鹿塞位于今巴彦淖尔市磴口县汉长城沿线，大狼山山前台地之上的巴音乌拉障城为鸡鹿塞候官治所，障城东侧有一座高大耸立的山峰，或即匈奴所称鸡鹿山。此诗中，鹿塞代指边塞。

龙庭，一名茏城、龙城，为匈奴单于祭祀祖先、天地、鬼神之所。《史记·匈奴列传》记载："岁正月，诸长小会单于庭，祠。五月，大会茏城，祭其先、天地、鬼神。秋，马肥，大会蹛

图6-2 呼和浩特市大黑河畔的王昭君墓（南—北）

林，课校人畜计。"此诗中，龙庭代指突厥启民可汗牙帐。

呼韩，为西汉后期南匈奴呼韩邪单于。汉宣帝在位期间，呼韩邪单于被其兄郅支单于击败，主动与汉朝和好，为汉朝保卫边塞。汉元帝竟宁元年(前33年)，呼韩邪单于第三次朝汉，汉元帝将后宫良家子王嫱（字昭君）赐予呼韩邪单于。王昭君入匈奴后，号为宁胡阏氏，为汉匈之间的和好做出了贡献。至今，呼和浩特市大黑河畔矗立的一座大型夯土台基，自唐代以来一直流传为王昭君墓（图6-2）。隋炀帝抵达启民可汗牙帐后，会远远望见这个大台基。据《汉书·匈奴传》记载，呼韩邪单于的活动地域在阴山汉长城以北，或留居漠南，或归于漠北。至于呼和浩特平原的所谓"王昭君墓"，极有可能为北魏时期建于盛乐城与云中宫之间的一座烽戍。但无论如何，今天的"王昭君墓"已经化身为民族团结的象征。

屠耆单于曾与呼韩邪单于争夺单于之位，于公元前58年自封单于，公元前56年兵败自杀。

索辫，词源为索虏，指拓跋鲜卑。《宋书》有《索虏传》。南北朝时，南人蔑称北人为索虏，北人蔑称南人为岛夷。北方游牧民族有辫发之俗，因而有索头、索头虏、索虏之谓。

韦韝，即牛皮制的护膊或臂套，泛指古代北方游牧民族的装束，即皮衣。亦以此指代游牧民族。《文选·李陵〈答苏武书〉》云："韦韝毳幕，以御风雨。"

"何如汉天子，空上单于台"诗句，出典于《汉书·武帝纪》。元封元年（前110年），汉武帝北巡，"行自云阳，北历上郡、西河、五原，出长城，北登单于台，至朔方，临北河。勒兵十八万骑，旌旗径千余里，威震匈奴。遣使者告单于曰：'南越王头已悬于汉北阙矣。单于能战，天子自将待边；不能，亟来臣服。何但亡匿幕北寒苦之地为！'匈奴詟焉。"汉代五原郡郡治在今包头市九原区麻池古城，麻池古城北面、阴山山脉南麓分布有为汉代沿用的战国赵北长城。汉武帝出长城，出的就是赵北长城。单于台应分布于赵北长城以北的北假中，即今包头市固阳县、巴彦淖尔市乌拉特前旗的明安川地区。

从文学的角度而言，隋炀帝此诗状物伟丽，激情满怀，对仗工整，法度森严，却并不堆砌辞藻，甚至可谓平实。但读之有迎面而来的帝王之气，即令千年之后，依旧使我们感受到天子的威仪。这种恣肆表达，非成就霸业者，实不能为。

由于隋炀帝被谥为"炀"，因此对其评价历来较低。2012年12月，扬州市文物考古研究所在扬州市西北郊曹庄村发

图6-3　考古清理之后的隋炀帝墓
南京博物院、扬州市文物考古研究所、苏州市考古研究所：《江苏扬州市曹庄隋炀帝墓》，
《考古》2014年第7期

现了古代砖室墓。次年春，三家机构合作发掘，证实了该墓即
为隋炀帝及皇后的合葬墓（图6-3）。与其他帝王陵寝相比，
隋炀帝身后事甚为寒酸[1]。但不管怎么说，隋炀帝的作为，足
堪一世雄主之谓。尽管灰腾梁上没有留下隋炀帝的足迹，但他
的声威，当年远被朔漠，久久地萦回在广袤的时空。

1　南京博物院、扬州市文物考古研究所、苏州市考古研究所：《江苏扬州
　市曹庄隋炀帝墓》，《考古》2014年第7期。

辽金时期的灰腾梁 7

《辽史》共有两处提到九十九泉。一处是《辽史·地理志五》在"丰州"条下记载的九十九泉[1]。这是九十九泉第一次出现于正史的《地理志》之中。另一处是《辽史·兴宗本纪二》记载，辽兴宗耶律宗真于重熙十三年（1044年）亲征西夏，与西夏发生了河曲之战，九月间以九十九泉作为战争前期集结军队的场所[2]。《辽史》中这两条和九十九泉有关的记载，都是确切的。

以《内蒙古史迹丛考》和《历史上的九十九泉》两文作者为代表的部分学者认为[3]，辽世宗耶律阮于天禄五年（951年）夏天驻跸的"百泉岭"亦为九十九泉[4]，这是值得商榷的。二文将百泉岭引申为九十九泉，与《资治通鉴》《契丹国志》中对同一事件的记载有关。《资治通鉴·后周纪一》的记载与《辽史》有所出入[5]，如将辽世宗的出发地写作"九十九泉"，将辽世宗的遇难地写作"新州之火神淀"。《契丹国志》则大体照搬了《资治通鉴》的这一记载。《资治通鉴》成书虽较早，但《辽史》的编撰者没有采纳它的这一条史料，显然《辽史》有新的史源，后来的研究者也多以《辽史》的这

1　《辽史·地理志五》西京道："丰州，……太祖神册五年攻下，更名应天军，复为州。有大盐泺、九十九泉、没越泺、古碛口、青冢，即王昭君墓，兵事属西南面招讨司。"

2　《辽史·兴宗本纪二》重熙十三年九月："壬申，会大军于九十九泉，以皇太弟重元、北院枢密使韩国王萧惠将先锋兵西征。"

3　李逸友：《内蒙古史迹丛考》，内蒙古自治区文物考古研究所编《内蒙古文物考古文集》第二辑，中国大百科全书出版社，1997年版；孟克巴雅尔：《历史上的九十九泉》，中国蒙古史学会编《蒙古史研究》（第十辑），内蒙古大学出版社，2010年版。

4　《辽史·世宗本纪五》天禄五年（951年）："是夏，清暑百泉岭。九月庚申朔，自将南伐。壬戌，次归化州祥古山。癸亥，祭让国皇帝于行宫。群臣皆醉，察割反，帝遇弑，年三十四。"

5　《资治通鉴·后周纪一》"太祖广顺元年（951年）九月"条："九月，北汉主遣招讨使李存环将兵自团柏入寇。契丹欲引兵会之，与酋长议于九十九泉。诸部皆不欲南寇，契丹主强之。癸亥，行至新州之火神淀，燕王述轧及伟王之子太宁王沤僧作乱，弑契丹主而立述轧。"

一记载为准。从《辽史》的记载出发，如果将百泉岭比附为九十九泉，无论从辽世宗的行程还是行军路线来考察，都是难于相符的。

首先，《辽史》记载的归化州祥古山位于今河北宣化附近，辽世宗如果在九月庚申朔（初一）从灰腾梁出发，初三便到达了祥古山，只在路上走了三天。从位于灰腾梁南的今卓资县卓资山镇出发，走今天的京藏高速公路（G6）到宣化县县城，距离大约为240公里。古代皇帝的出行，走驿路的话，一般每天走30公里左右；即使行军的速度稍快，也很难平均一天走80公里的，更何况辽代从九十九泉到今宣化县所走的路线，肯定要比今天的高速公路还远一些。其次，从九十九泉到宣化大体是由西向东的方向，与辽世宗"自将南伐"的描述也不相符。综合以上论述，可以明确《辽史》所记百泉岭大约在今河北宣化县北部百余公里的范围之内，大体处于今河北省张家口市坝上草原地区。至于具体地域，初步推断在今张北县安固里淖、桦皮岭一带。

《历史上的九十九泉》一文还认为，《金史·地理志》在"宣宁"条下提到"官山"[1]，即为今天的灰腾梁。金代的宣宁县旧址，已被考证为今凉城县岱海东北部的淤泥滩古城。岱海周边北有蛮汉山山系，南有马头山山系，位于蛮汉山之北的灰腾梁或为宣宁县的北界，这也是灰腾梁第一次以官山之名出现于正史《地理志》的记载之中，此后被长期沿用。

辽金时期，黄旗海名为白水泊，在黄旗海以北地区活动的皆为游牧部族。辽代有六院部，金代有"山后诸部族"[2]。

1　《金史·地理志上》西京路大同府："宣宁，辽德州昭圣军宣德县，大定八年更名。有官山、弥陀山、石绿山，产碾玉砂。"

2　李艳玲：《金代"山后"与"山后诸部族"考》，赵英兰主编《古船》，吉林人民出版社，2006年版；关树东：《辽朝部族军的屯戍问题》，《中央民族大学学报》1996年第6期。

图7-1　白海子古城南墙

　　位于今乌兰察布市集宁区白海子镇土城子村东侧的白海子辽代古城，平面略呈方形，东西长1000米，南北宽980米，规模较大，初步推断为辽代六院部的部族城（图7-1）。

　　在黄旗海盆地的西北端，有金元时期的大土城古城，可能与"山后诸部族"有关。大土城古城平面形制为略呈菱形的长方形，东西长850米，南北宽740米。古城南部位于察右前旗大土城村中，遭破坏严重，墙体不明显。北墙保存较为完好，夯筑而成，底宽约20米，残高1～3米，夯层厚10～15厘米；东、西两角有角台，墙体上大体等距离地分布有6座马面，相互间距约120米。东墙、西墙的北边部分尚存，但保存状况一般，东墙北部残存有2座马面。东墙、西墙和南墙之上是否有门址，均不清楚。城内地表散布遗物较少，可见金代的白瓷片、黑釉瓷片等。该古城的防御性较强，但地表散布遗物极少，且不见文化层，可能为金朝"山后诸部族"的部族城（图7-2）。

　　在灰腾梁地区，辽金时期活动的部族，也应该与上述游牧部族有关。从灰腾梁向北约100公里，有金界壕东西绵延，位于金界壕以南的察右中旗广益隆古城、察右后旗察汉不浪古城，均为与金界壕有关的边防城。两城到蒙元时期均有沿用，且级别都很高，下文将作考证。

　　值得指出的是，北宋、辽、西夏三国的交往之中，在九十九泉还有过微妙的互动。前文提到，辽兴宗耶律宗真于重熙十三年发动对西夏的战争之前，在九十九泉集结大军。
就在这年九月间，九十九泉迎来了北宋使者余靖。辽夏战端
即起时分，北宋为何要派遣使者？盖因当时形势使然。是年
七月，"契丹遣延庆宫使耶律元衡来告将伐元昊，其书略
曰：'元昊负中国当诛，故遣林牙耶律祥等问罪，而元昊顽
犷不悛，载念前约，深以为愧。今议将兵临贼，或元昊乞称
臣，幸无亟许'"[1]。辽国的这个要求给北宋出了个难题。因
为其时正值宋夏和议即将达成之际，无论答应夏辽哪一方的
要求，则必然得罪另一方。时任右谏议大夫等职的余靖审时
度势，上疏宋仁宗赵祯，提出暂缓册封夏主元昊，先稳住契
丹，再图转圜的对策。于是，宋仁宗派余靖出使辽国，并加
知制诰衔，以示隆重。

此事除了古籍文献有所记载之外，还见诸北宋名臣欧阳
修所撰之《赠刑部尚书余靖襄公神道碑铭并序》：

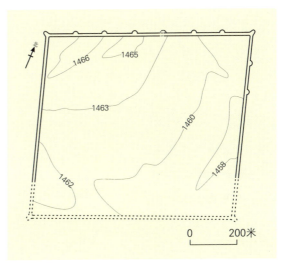

图7-2　大土城古城平面图

1　[南宋] 李焘撰《续资治通鉴长编》卷一五一，中华书局，1979年版，第
　　3668页。

7
辽金时期的灰腾梁

庆历四年，元昊纳誓请和，将加封册。而契丹以兵临境，上遣使言为中国讨贼，且告师期，请止册与和。朝廷患之。欲听，重绝夏人，而兵不得息；不听，生事北边。议未决。公独以谓中国厌兵久矣，此契丹之所幸，一日使吾息兵养勇，非其利也，故用此以挠我矣，是不可听。朝廷虽是公言，犹留夏册不遣，而假公谏议大夫以报。公从十余骑，驰出居庸关，见虏于九十九泉，从容坐帐中。辩言往复数十，卒屈其议取其要领而还，朝廷遂发夏册，臣元昊，西师既解严，而北边亦无事。是岁以本官知制诰吏馆修撰，而契丹卒自攻元昊。

北宋庆历四年即辽重熙十三年（1044年）。余靖大约于九月初十，抵达九十九泉，拜见了时年二十八岁的辽兴宗[1]。据中山大学曹家齐教授考证，余靖这次出使，从都城汴梁（今河南省开封市）出发，出雄州（今河北省雄县）经入辽境，经停辽南京，越居庸关而西北，抵达九十九泉，大约走了二十五天[2]。

在此次使辽期间，余靖还留下了一首《北语诗》，又称《蕃语诗》：

夜宣设逻臣拜洗，
两朝厥荷情斡勒。
微臣雅鲁祝若统，
圣寿铁摆俱可忒。

1　《辽史·兴宗本纪二》："九月戊辰，宋以亲征夏国遣余靖致贺礼。"
2　曹家齐：《余靖出使契丹与蕃语诗致祸考议——兼说北宋仁宗朝廷对契丹之态度》，《文史》2010年第3期。

这首诗与传统汉文诗词大有不同，掺杂了诸多契丹语汇。"设逻"意为"侈盛"，"拜洗"意为"受赐"，"厥荷"意为"通好"，"斡勒"意为"厚重"，"雅鲁"意为"拜舞"，"若统"意为"福佑"，"铁摆"意为"嵩高"，"可忒"意为"无极"[1]。另有学者孟盛彬先生则从这些语汇与现代达斡尔语有着高度相似性的角度，对这些语汇做出了自己的解读："设逻"意为"邀请、享用"，"拜洗"意为"喜悦、高兴"，"厥荷"意为"团结、和睦"，"斡勒"意为"亲密无间"，"雅鲁"意为"诵诗"，"若统"意为"长久、稳固"，"铁摆"意为"命运"，"可忒"意为"天赐的福分"[2]。我们可以明显看出，词语的解释有较大差异。但诗文整体上表达出和谐的意涵，则是毋庸置疑的。这也折射出余靖此次出使获得成功的整体背景。既避免了与西夏交恶而失去难得的和平机会，又以恰当的方式化解了辽国所造成的困窘。余靖在此前后，折冲樽俎，应对有方，可谓不辱使命。

但吊诡的是，余靖转年就"坐习虏语"而被贬为吉州知州。不过，余靖在北宋时就极受尊崇。治平年间（1064~1067年）便有余忠襄公祠。余靖生于咸平三年（1000年），治平元年正是他的殁年。足见他在北宋时期人们心中的影响力。此后，历代奉祀，不绝如缕。如今，广东省韶关市余相巷有重修的余忠襄公祠，并被辟为纪念馆。其中，北使契丹是展陈的内容之一。可以说，九十九泉见证过余靖这位外交干才的风采，而余靖想必也曾为九十九泉的风光而陶醉。

1　李义、胡廷荣编著《全编宋人使辽诗与行记校注考》，内蒙古文化出版社，2011年版，第5~6页。
2　孟盛彬：《契丹、汉语合璧诗新释》，《赤峰学院学报》2009年第5期。

蒙元时期的灰腾梁 8

图8-1　元太宗窝阔台像

　　窝阔台汗三年（1231年），窝阔台汗"夏五月，避暑于九十九泉。命拖雷出师宝鸡。遣搠不罕使宋假道，宋杀之。复遣李国昌使宋需粮。秋八月，幸云中。始立中书省，改侍从官名，以耶律楚材为中书令，粘合重山为左丞相，镇海为右丞相。"[1]作为大蒙古国攻打金朝的指挥中心，九十九泉在《元史》之中一出现，就和窝阔台汗联系了起来（图8-1）。《多桑蒙古史》同记此事，"是年六月，窝阔台避暑九十九泉（Yloun-oussoun），地在长城北五十程。"[2]《元史》记载窝阔台秋八月所幸"云中"在今山西省大同市，为大蒙古国西

1　[明] 宋濂等撰：《元史·太宗本纪》，中华书局点校本，1976年版，第31页。
2　[瑞典] 多桑：《多桑蒙古史》（上册），冯承钧译，中华书局，2004年版，第209页。

京行省治所所在。窝阔台汗从九十九泉到云中，走的就是自古以来路经黄旗海的参合道。由此可见，1231年五月至八月期间窝阔台汗避暑于九十九泉，《元史·太宗本纪》和《多桑蒙古史》同记此事，可靠性较强。

又据《元史·太宗本纪》记载，窝阔台汗于四年（1232年）"夏四月，出居庸，避暑官山"。有的学者认为，此官山等同于九十九泉。这种观点，主要是受到了《金史·地理志》的影响。《金史·地理志》所记官山是灰腾梁，而窝阔台汗于1232年避暑的官山，却不一定是灰腾梁。首先，《元史·太宗本纪》在记载前后相连两年的窝阔台汗活动事迹中，不太可能把同一地点用两个地名来表述；其次，窝阔台出居庸关到官山，显示官山在居庸关之外，而从今天北京居庸关到灰腾梁之间，则未免距离太远了。这个官山，应当就是指今天北京居庸关外的军都山。成吉思汗于1217年将经略中原汉地的全权授予木华黎。木华黎以"权皇帝"的地位"建行省于云、燕"。因而这一时期的西京、燕京是大蒙古国在中原汉地的两个统治中心所在。1231年、1232年，窝阔台汗亲自指挥征金战争，其驻跸避暑地也均选择在这两个统治中心的附近。

通览《元史》，还有数处出现"官山"这一地名。《元史·列传第二·睿宗》两次提到官山：一次是1231年窝阔台汗于官山大会诸侯王，拖雷献攻金密计；一次是1232年拖雷随窝阔台汗"过中都，出北口，住夏于官山"。从这一记载来看，似乎窝阔台汗于1231年、1232年的两年夏天都驻跸于官山。1232年拖雷随窝阔台汗所至官山，位于北口外，与《元史·太宗本纪》所记"官山"相符。而1231年窝阔台汗大会诸侯王的官山，就是"九十九泉"。《元史·太宗本纪》将九十九泉与居庸关外的官山分得很清楚，而《元史·列传第二·睿宗》显然将九十九泉所在的官山与居庸关外的官山混为一地了。

　　《多桑蒙古史》有"官山窝阔台营"的记载[1]，指窝阔台汗于1232年在官山的驻跸地。由《多桑蒙古史》这一记载可引申，既然窝阔台汗于1232年在官山的驻跸地称作"官山窝阔台营"，那么他于1231年在九十九泉的驻跸地亦可称作"九十九泉窝阔台营"。

　　《元史》中"官山"的其他记载，则将官山指向了元上都附近。《元史·文宗本纪》载至顺元年（1330年）"枢密院臣言：'每岁大驾幸上都，发各卫军士千五百人扈从，又发诸卫汉军万五千人驻山后，蒙古军三千人驻官山，以守关梁。乞如旧数调遣，以俟来年。'从之"。《元史·兵志·宿卫》："大德六年二月，调蒙古侍卫等军一万人，往官山佳夏。"中国人民大学考古系魏坚教授在其撰著的《元上都》考古报告中，认为"蒙古军三千人驻官山"的官山，"或许就是元上都北面的龙岗"，并论述了龙岗山下发现的院落等遗迹，或即为兵营遗址[2]。

　　九十九泉所在的灰腾梁，自金代开始就被称作官山，但到元代却出现了数个官山。居庸关外官山的得名，当与大蒙古国设立燕京行省有关。北方游牧民族逐水草而居，夏天往往选择地势高亢、水草丰美、气候凉爽之地避暑。燕京行省的蒙古贵族们每年夏天到居庸关外避暑，军都山一代山峦为官府所控制，所以称作"官山"。同理，元上都附近官山的得名亦当如此。刘秉忠选择建立上都之地，为绝佳的风水宝地。据元人王恽《中堂事记》记载："龙岗蟠其阴，滦江经其阳，四山拱卫，佳气葱郁。"[3]龙岗是位于元上都北侧的一道东西向

1　[瑞典]多桑：《多桑蒙古史》（上册），冯承钧译、中华书局、2004年版、第211页。

2　魏坚：《元上都》（上），中国大百科全书出版社、2008年版，第46～47页。

3　叶新民、齐木德道尔吉编著《元上都研究资料选编》、中央民族大学出版社、2003年版、第1页。

山峦，其与上都的位置关系，与军都山和元大都的位置关系相仿。因此可以推定，龙岗也就是《元史·文宗本纪》《元史·兵志·宿卫》记载的官山。有元一代，军都山由"燕京官山"升格为"大都官山"，元上都北侧的龙岗也由"开平龙岗"升格为"上都官山"。至于九十九泉，本应为"西京官山"，后来西京行省降格为大同路，"官山"之名遂不显。

在灰腾梁汉长城西北部的外侧，有一座古城遗址初步推断其年代为蒙元时期，命名为黄花古城。黄花古城位于察右中旗辉腾锡勒园区黄花嘎查南1.34千米处、黄花沟南侧开阔平坦的台地上。古城南侧建有窝阔台汗宫旅游度假中心，南距灰腾梁汉长城大阳卜长城墙体约600米。古城平面呈长方形，东西长200米，南北宽180米。城墙土筑，保存差，呈略凸出于地表的土垄状，底宽5～8米，残高0.5～1.5米。城内西北角有一自然的高地，可远眺周边；南墙偏西处开门，门址宽12米，方向为164°（图8-2、图8-3）。城内散布遗物极少，偶尔可见碎瓷片。2014年8月，在古城南墙外的施工中，于古城南门处出

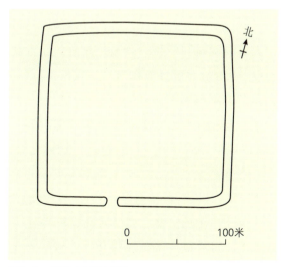

图8-2　黄花古城平面图

图8-3　黄花古城西城墙（南—北）

土大量内壁饰细绳纹的筒瓦；此前，在古城西南不远处的施工中，曾出土大量兽面纹瓦当（图8-4、图8-5）。这些筒瓦和瓦当，应当属于古城使用时期的遗物，初步推断其年代大体属于蒙元时期。如果将黄花古城推定为"九十九泉窝阔台营"，有一定的可能性，但需进一步论证。

在灰腾梁周边，还有几座较为重要的金元时期古城（表8-1、图8-6）。黄旗海东北的集宁路遗址，为金代集宁县、元代集宁路治所。集宁路为汪古部四路之一。黄旗海盆地西北的大土城古城，为沿用金代部族城的元代大同路属县平地县。《元史·地理志》记载："本号平地袅，至元二年，省

0　　　　　　　　5厘米

图8-4　黄花古城出土的兽面瓦当

0　　5厘米

图8-5　黄花古城出土的板瓦

表8-1　灰腾梁及周边地区古代城邑与建制

旗县	城邑	建制
包头市 达尔罕茂明安联合旗	鄂伦苏木古城	元代汪古部黑水新城、德宁路
	木胡儿索卜嘎古城	金代西南路边防城
	大苏吉城圐圙古城	金代西南路边防城
	希拉穆仁城梁古城	金、元汪古部按达堡子
	希拉穆仁城圐圙古城	北魏武川镇
乌兰察布市四子王旗	大庙古城	金代西南路边防城 元代汪古部砂井总管府
	希拉哈达古城	金代西南路边防城
	城卜子古城	金代净州 元代汪古部净州路
	波罗板升古城	元代汪古部耶律氏家族投下城
	呼热图古城	金代西南路边防城
	白星图古城	金代西南路边防城
	乌兰花土城子古城	北魏抚冥镇
	库伦图古城	北魏戍城
呼和浩特市武川县	二份子古城	北魏戍城
	榆树店古城	北魏广德殿
	土城梁古城	北魏阿计头殿
	东土城古城	元代天平镇
	北土城古城	金代西南路边防城
	南土城古城	北魏戍
呼和浩特市回民区	坝口子古城	秦代、汉代云中郡武泉县 北魏云中镇白道城

旗县	城邑	建制
呼和浩特市新城区	塔利古城	西汉云中郡陶林县、东部都尉
呼和浩特市赛罕区	白塔古城	唐代东受降城迁址 辽、金、元三代丰州城
	陶卜齐古城	西汉定襄郡安陶县
乌兰察布市卓资县	不浪沟古城	西汉定襄郡襄阴县
	三道营古城	西汉定襄郡武要县、东部都尉 北魏戍城武要城
乌兰察布市 察哈尔右翼中旗	广益隆古城	金代西南路边防城 元代红城
	元山子古城	北魏戍城
	坝梁古城	北魏戍
	黄花古城	大蒙古国九十九泉窝阔台营
	浪素海古城	北魏戍
乌兰察布市 察哈尔右翼后旗	西土城古城	金代西南路边防城
	察汉不浪古城	金代西南路边防城 元代北凉亭（三不剌行宫）
	克里孟古城	北魏牛都、柔玄镇
	白音察干古城	北魏戍城
乌兰察布市 察哈尔右翼前旗	大土城古城	金代部族城平地袅 元代大同路平地县
	集宁路古城	金代抚州集宁县 元代汪古部集宁路
乌兰察布市集宁区	白海子古城	辽代六院部部族城

图8-6 灰腾梁及周边地区古代城邑分布示意图

入丰州。三年，置县，曰平地。"这里的平地臬，应为汉语"平地"与蒙古语"淖尔"（蒙古语"湖泊"之意）的复合词，或即指黄旗海。

据《元史·兵志·屯田》"枢密院所辖"条记载："忠翊侍卫屯田：世祖至元二十九年十一月，命各万户府，摘大同、隆兴、太原、平阳等处军人四千名，于燕只哥赤斤地面及红城周回，置立屯田，开耕荒田二千顷，仍命西京宣慰司领其事，后改立大同等处屯储万户府以领之。"这里的"燕只哥赤斤地面"，大略为大土城古城所在的霸王河上游地区。燕只哥赤斤为蒙古部落名，其在霸王河上游的牧场被元朝设为屯田地后，该部落可能退缩于灰腾梁之上。设置于明朝洪武四年（1371年）、属于东胜卫管领的五个千户所之一的燕只千户所，应与燕只哥赤斤属于同一部落[1]。

1　周松：《明与北元对峙格局中的洪武朝之东胜卫变迁》，《史学月刊》2007年第5期。

由此可见，蒙元时期的黄旗海盆地，有属于汪古部的集宁路，有属于大同路的平地县，有属于燕只哥赤斤部落的牧场。后来，燕只哥赤斤部落的牧场被征用，开展军事屯田。黄旗海盆地及其以南的黄旗海，在历史上一直占据着重要地位。这也是今天乌兰察布市市政府所在地集宁区设置于此地的缘由所在。

在灰腾梁以北，金代的广益隆古城、察汉不浪古城到蒙元时期均有沿用。内蒙古大学历史文化与旅游学院的石坚军博士等，考证广益隆古城为元代的屯田城红城，是非常有见地的[1]。有元一代，红城屯田的管理虽历经变迁，但一直是一个军屯的中心所在，曾设立有红城万户府，管理的屯田卒可达万人。仁宗时曾以红城屯田米赈济净州、平地等处流民，顺帝时大丞相伯颜曾亲自巡视红城。红城内设有隶属于大同路的红城仓，一名答吉仓、塔吉仓，主要供应漠北地区的军粮，木怜道或亦途经红城（图8-7）。

2016年5月，笔者与石坚军博士实地考察了察右后旗察汉不浪古城，初步认定其为元代上都城的北凉亭，亦称三不剌行宫（图8-8、图8-9）。史载"甘不剌川在上都西北七百里外"[2]；"繇开平西南行七百里稍折西北，其地有泉，如悬帘五色贯射，在昔世祖皇帝名之曰'三不剌'，以其国语志之也。地旷衍，均成沙，居民鲜少，地所宜惟瓜，悉发南戍卒垦树之，瓜绝甘美"[3]。三不剌，元代史籍又称甘不剌、散不剌、三卜剌、三不腊、三部落，为蒙古语"好泉"之意，其

1　石坚军、王社教：《元代燕只哥赤斤、红城屯田千户所地望新考》，《中国历史地理论丛》2017年第2辑。
2　[元] 王恽：《秋涧先生大全文集》卷三二《七言绝句》，上海商务印书馆，1936年版。
3　[元] 袁桷：《清容居士集》卷一九《竹凤石屏记》，上海书店，1989年版。

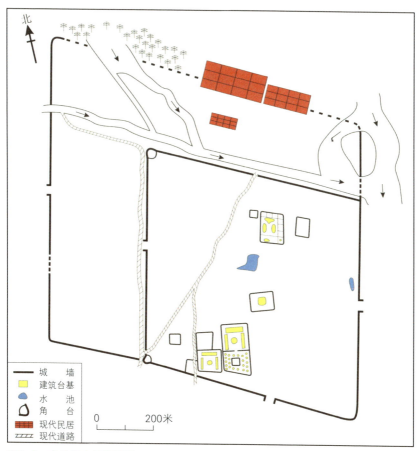

图8-7 广益隆古城平面图

"上都西北七百里外""开平西南行七百里稍折西北"之位
置，正相当于自上都沿木怜驿行至察汉不浪古城一带。察汉不
浪古城与北魏的克里孟古城同处于韩勿拉河流域，二者南北相
距约10公里。韩勿拉河流域在北魏时期称作牛川，元代则称作
三不剌川。三不剌川为忽必烈以降元朝诸帝经常自上都或大都
巡幸搜畋、蹛林望祭或大会诸王百官之地。

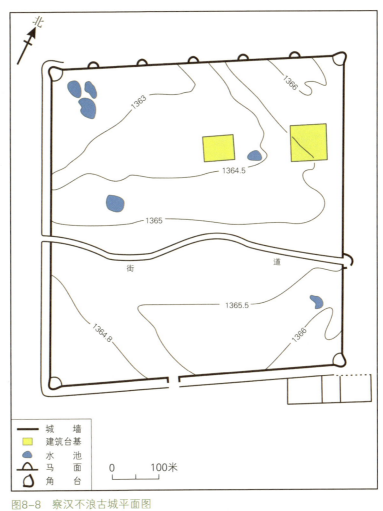

北

1366

1363

1364.5

1365

街　　　　　　　　道

1365.5

1364.8

1366

城　　墙
建筑台基
水　　池
马　　面
角　　台

0　　　100米

图8-8　察汉不浪古城平面图

图8-9　察汉不浪古城航片

明代的灰腾梁 **9**

关于明代的灰腾梁，《大明一统志》和《明史·地理志》均有明确记载，名为"官山"。其中，《大明一统志》以大同府为参照点，遗留有大蒙古国"西京官山"的影子。《大明一统志》"大同府·山川"条记载："官山，……在府城西北五百余里，古丰州境。山上有九十九泉，流为黑河。"（图9-1）《明史·地理志》"山西·山西行都指挥使司"条记载："东胜卫，……西北有黑河，源出旧丰州之官山，西流入云内州界，又东经此，入于黄河。"

而明代《广舆图》之《山西舆图》则明确地标注了官山的位置，就在大同西北、集宁偏西的地方（图9-2）。

据《明太祖实录》记载，明朝洪武三年（1370年），"故元宗王扎木赤、指挥把都、百户赛因不花等十一人自官山来降，诏中书厚加燕劳。立官山等处军民千户所，以把都为正千户，赛因不花等三人为百户，赐以文绮、银椀、衣物有

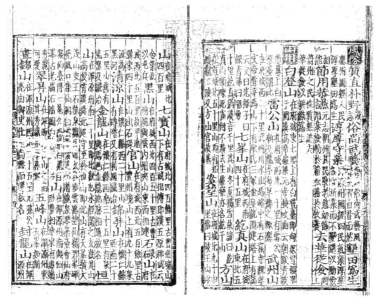

图9-1　《大明一统志》关于官山的记载

李贤编纂《大明一统志》，明天顺五年（1461年）刻本，中国国家图书馆电子资源。

图9-2　明代《广舆图》中的官山

罗洪先编纂《广舆图》，明万历七年（1579年）刻本，中国国家图书馆电子资源。

差，就大同给赐田宅"。扎木赤等人原驻官山，为他们设立
的官山等处军民千户所分布于大同至官山一带。《明太祖实
录》亦载，洪武八年（1375年），"故元知院不颜朵儿只等
来降，赐罗绮衣服有差。不颜朵儿只者，即元国公乃儿不花
也。于是诏置官山卫指挥使司，隶大同都卫，以乃儿不花为指
挥同知"。第二年，乃儿不花叛逃，官山卫自动废除。乃儿不
花曾提出"欲于平地驻扎"的降明要求。此处的"平地"，应
指元代以来的大同路平地县[1]。乃儿不花管领的官山卫应继承
了官山等处军民千户所的辖地，级别升格，具体位置应在今黄
旗海盆地一带。

　　明代文献中，"官山"的记载可谓确实，"九十九泉"
的记载同样如此。前文所引《大明一统志》中，九十九泉紧接
官山而叙述。万历年间宣大总督杨时宁领衔编就的《宣大山西

1　周松：《明初察罕脑儿卫置废考》，《中国历史地理论丛》2009年第2
　辑。

图9-3 明代《宣大山西三镇图说》中的九十九泉

三镇图说》之中，九十九泉被标注得十分显眼，其西略偏南则标注了李陵碑、青冢、丰州城。显然，这种处理方式显示了诗人对于塞外标志性名胜的认知。九十九泉明显表现为星罗棋布的湖泊群，且周围有闭合的椭圆线条，表明湖群分布的边界，其宏观分布状况与今日无异（图9-3）。在吴学俨等人编纂的《地图综要》当中，九十九泉在《大同沿边图》中也甚为明显（图9-4）。其位置同样是在大同西北、集宁西偏北。而且，九十九泉被表现为一个个小圆圈，宛若星宿一般，与旁边的葫芦海、威宁海等大型湖泊的画法迥异。九十九泉作为一个地理单元，还被双线环绕，标出清晰的边界。这种处理方

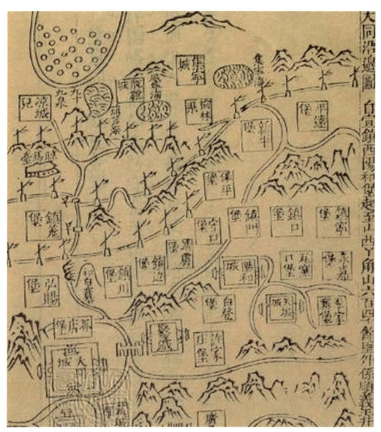

图9-4　明代《地图综要》中的九十九泉
吴学俨、李釜源、朱绍本编纂《地图综要》，中国国家图书馆电子资源。

式，显示出当时地图编纂者对于九十九泉的状况颇为了解。虽
然我们目前检索的文献，还未能得知吴学俨或者其他人当时有
没有到过九十九泉实地探访，但其必有所本，则不必存疑。

官山卫被裁撤之后，包括黄旗海盆地在内，灰腾梁南北
一带成为瓦剌部游牧之地。数十年间，大明王朝似无人涉足
此地。孰料此时发生了一件惊天大事，竟然使得灰腾梁成为

落难大明天子的苦避之所，而长期以来，这一事实不太为人所知。这位落难的大明天子，便是史书中曾经记载有过"北狩"经历的明英宗朱祁镇，亦被称为正统皇帝（图9-5）。《内蒙古史迹丛考》[1]和《历史上的九十九泉》[2]二文，利用明朝正统十四年（1449年）"土木之变"后与明英宗"北狩"有关的史料，考证北元权臣也先俘虏明英宗北归，沿途曾在"九十九个海子"宿营，即指九十九泉。当时，也先的营帐设在九十九泉附近，明人称之为"达子营"。第二年六月，也先在九十九个海子"放鹰"，应该是进行猎捕天鹅一类的活动。这些关于明英宗"北狩"的史料，多为当事人书写亲历事，均是大致可信的。故宫博物院林欢先生进一步考证了有关史事，比较详细地揭示了朱祁镇沦为蒙古人阶下之囚为期一年的生活状况[3]。

　　天子巡狩，应该是颇具威仪的事情。何以"北狩"就显得这么狼狈呢？其实，"北狩"之称，虽与"巡狩"只有一字之差，其意则相差甚远。所谓的"北狩"，乃是中原正统论占据思想主导地位的史学书写系统中一种讳称，实际上就是指帝王逃难或被俘。最著名的"北狩"事件，首推被金人掳去的北宋徽钦二帝。而这位正统皇帝，既不是第一个，也不是最后一个有过这种经历的帝王。清末庚子之变，慈禧太后与光绪皇帝也曾经从京城出逃，在西安暂避八国联军之兵祸，史称"西

1　李逸友：《内蒙古史迹丛考》，内蒙古自治区文物考古研究所编《内蒙古文物考古文集》（第二辑），中国大百科全书出版社，1997年版。

2　孟克巴雅尔：《历史上的九十九泉》，中国蒙古史学会编《蒙古史研究》（第十辑），内蒙古大学出版社，2010年版。

3　林欢：《明英宗被俘及其在蒙地羁押期间的活动》，达力扎布主编《中国边疆民族研究》（第五辑），中央民族大学出版社，2012年版；亦可参其所作《大明皇帝在蒙古草原的奇遇》，《紫禁城》2012年第12期。

图9-5 明英宗朱祁镇像

狩"。此为后话，与灰腾梁无涉，不必着墨。我们接着来说说这位正统皇帝在灰腾梁的生活。

事情还要从明正统十四年说起。是年七月十六，明英宗朱祁镇在宦官王振的怂恿下，不顾群臣劝阻，亲率大军北征此前大举入侵大同等处边墙的瓦剌，并令其同父异母弟郕王朱祁钰留守京城。明英宗八月初一抵达大同，一路上不断传来前线战败的消息，目睹死伤枕藉的战后惨景，遂决定回师。至土木堡（今河北省怀来县土木镇）时被瓦剌太师也先所率两万蒙古军队包围，二十五万（亦有五十多万等多种说法）明军死伤惨重，王振被杀，明英宗被俘，史称"土木之变"。这一天正值中秋，消息传回北京，朱祁钰在名臣于谦力主之下即皇帝位，年号景泰。此后，也先又带着明英宗辗转宣府、大同，以送还明英宗的名义数度叩关而未果。

八月二十三，在大同掳掠一番的也先带着明英宗离开了大同。次日一路往北，向自己的大本营进发，途经水尽头、九十九个海子（有的文献记为"九十九泉"）、黑河、八宝山等地，于八月底来到了也先暂时驻兵的大营。日本学者和田清推断，其位置大约在今呼和浩特以北大青山的山前山后[1]。是年十月，入冬以后，也先又挟制明英宗兵临北京城下。明朝赢得北京保卫战的胜利，而明英宗也再度未能回京，只好随蒙古军队又回到了大青山。

景泰元年（1450年）七月初一，礼部侍郎李实、大理寺少卿罗绮受景泰帝之命，分别作为正使和副史，前往瓦剌部讲和。七月十一，使团到达也先老营失八儿秃，见到了也先。次日，李实终于见到了明英宗。此时明英宗身边只有锦衣卫校尉袁彬、士兵刘浦儿（一作刘婆儿、刘泼儿）、僧人夏福三人随侍，居住之地不过是"围帐布帏，席地而寝"，另有牛车一辆、马一匹作为移营之用，一应用度可谓寒酸之极。既然李实在见到也先的次日即见到了明英宗，那就说明英宗所在的地方应该距离也先不远，且极有可能同在一地，即"失八儿秃"。

"失八儿秃"是蒙语地名的汉字直音，其拉丁文字转写为shibartu，意为"泥淖之地"。此地在今天的什么地方呢？依据李实等人的行程可知，他们一行到达此地费时十天。以车马速度每日大约四五十公里来计，此地距离北京大约四五百公里。前文已经提到，学者们的研究表明，也先的大本营就设在阴山一带。因此，我们把目光投向这一带来寻觅这个所在。巧得很，今卓资县境内有地名曰"十八台"，位于阴山南麓，其西北大约30公里，即为灰腾梁。此地距离北京的直线距离大约

_____

1 [日]和田清：《明代蒙古史论集》(上册)、潘世宪译，商务印书馆，1984年版，第252～262页。

350公里。如果走110国道的话，距离北京大约440公里。笔者颇疑"十八台"便是"失八儿秃"的讹转，久而久之，原名反而不显。经请教蒙古族友人，一致认为，单纯就发音而言，可以初步证实笔者的猜想。此后，笔者又从有关文献中得知，十八台村名之由来，"因有污泥滩，故名'夏巴儿台'，系蒙古语'污泥滩'之意。后转音为十八台"[1]。

从另一个角度而言，明英宗在被俘之后，虽然并未遭到虐待，甚至还在一定程度上被优渥礼遇，但终究是瓦剌太师也先的阶下之囚。出于各种考虑，也先也会将朱祁镇安置在身边，便于控驭，同时也确保这位明朝皇帝的安全。如此说来，明英宗在被俘期间，与其原本的死对头也先共同进退，也是题中应有之义。而且，综合各方面的材料，目前可以肯定地说，明英宗在土木之变陷于蒙古人之手的一年间，虽然不可能始终住居在灰腾梁上，但也应该在灰腾梁驻留了一段时间。在此期间，他很快就学会了服马而行，逐渐适应了食肉饮乳，克服生活方面的其他不便，自然也毋庸赘言。由于当时明英宗实际上与蒙古人过着一般无二的游牧生活，住在毡布帷帐之中，逐水草而居，所以，基本上不可能留下遗迹，因此我们也就不可能发现，而明英宗这一段草原生活的遗物，那就更是几乎不可能与我们相遇。至于更加确切的一些细节，目前还难以遽断。

一般而言，帝王逊位之后，即淡出历史舞台，甚至会以悲惨命运而告终。不可思议的是，八年后，朱祁镇，这位被蒙古人俘虏的皇帝，居然成功复辟，再即大位。而其之所以能够重获大宝，当然与明廷徐有贞等一干心腹审时度势成就功业有关，也与其被俘之后隐忍过活，以及当时明蒙双方政治博弈有

----

1 乌兰察布盟公署：《乌兰察布盟地名志》，1988年非正式出版，第376页。

关，甚至还与当时所谓的一些神异现象有关。

历史往往有惊人的巧合。明英宗被俘，是在1449年的那个中秋节。整整一年之后的1450年，也是在中秋节，在也先派出的蒙古军队以及明廷派出的迎接人马的簇拥之下，明英宗远远地望见了北京城——他暌违一年的帝都。次日，他自安定门正式入城，在紫禁城东安门外，他与自己的同父异母弟、当时的主上——景泰帝朱祁钰见面了。前后两位皇帝的这次相见，想必彼此都是感慨万端却无法道尽万一。行礼如仪之后，明英宗被安置在紫禁城外、皇城东南角的南宫。一年前被尊为太上皇从而被搁置起来的明英宗，当时只有24岁，由此开始了长达七年的隐忍，直至发生"夺门之变"——自东华门而入，重登大宝。景泰八年（1457年）正月十六之夜发生的这桩惊天事件，使得朱祁镇重新入主了大内，当时简直如同暴风骤雨一般，以至于此前依照景泰帝安排等候上朝的官员们进入奉天殿¹之后，方才发现龙椅上的主人已经不是他们所熟悉的那个皇帝了。

接下来，正月二十一，朱祁镇以复位改元天顺，并大赦天下。二月初一，景帝被废黜，重新成为郕王。二月十九，即政变刚满一月之后，景帝死。

明清两代帝王，登基之后颁行的年号一般不会改变。故而人们习惯上多以年号来称呼皇帝，比如"永乐皇帝""宣统皇帝"等等。朱祁镇因为改元而成为明朝十六个皇帝之中唯一使用过两个年号的。不过，人们一般还是称他为"正统皇帝"，而很少称其为"天顺皇帝"。另外，朱祁镇以当朝天子之尊而被俘虏，最终又被敌手礼送归国，虽屡遭顿踬，却总能柳暗花明，最终再登龙庭，重新践祚。整个经历充满了传奇色

1　即今天人所熟知的太和殿，俗称金銮殿，紫禁城建筑群处于至尊地位的大殿。

彩，也是中国历史上极为罕见的例子。在他跌宕起伏的生涯之中，"土木之变""夺门之变"固然是改变命运的决定性枢轴，而他在灰腾梁及其周边的活动，也不无特殊的价值。就朱祁镇本人的阅历而言，这一段草原生活当然有不堪回首的况味，可是，何尝又不是卧薪尝胆的历练？

清代以来的灰腾梁 10

灰腾梁在明代属于大同边外地，明朝中央政府并未在此地实施有效统治。有清一代，灰腾梁地区被纳入清廷直接控驭之下。清代在蒙古地区实行盟旗制度，分为外藩蒙古、内属蒙古，外藩蒙古又分为外扎萨克蒙古、内扎萨克蒙古。内蒙古一名即源自于内扎萨克蒙古，设立有六盟四十九旗。不过，灰腾梁一带尽管设旗，却并非内扎萨克蒙古辖地，而是属于内属蒙古察哈尔部右翼四旗的地界。察哈尔部为蒙古著名部落，1635年降清后被安置在今辽宁省葫芦岛市、义县一带。1675年（康熙十四年），察哈尔部亲王布尔尼反清兵败之后，其部众被移驻宣化、大同边外，并编为左、右翼各四旗。

1761年（乾隆二十六年），清朝在张家口设都统，管辖察哈尔八旗。灰腾梁一带主要属于察哈尔右翼的镶红旗、镶蓝旗牧地，其东部一小部分属正红旗地界。察哈尔部从辽西迁到内蒙古中部地区之后，大约两百来年，灰腾梁基本上一直是这三个清廷总管旗的牧地。正红旗的旗敖包，就设在灰腾梁火石坝山上。

内属蒙古除察哈尔八旗外，还包括归化城土默特左、右翼二旗。察哈尔八旗的驻牧地，与拓跋鲜卑三分之际中、东两部大人猗㐌、禄官的游牧地相近；归化城土默特左、右翼二旗的驻牧地，与拓跋鲜卑三分之际西部大人猗卢的游牧地相近。可见，清代内属蒙古活动的这一区域，在历史上的南北对峙时期，与中原王朝的关系往往要较草原其他地区密切。

清代帝王之中，曾经到过乌兰察布、呼和浩特一带的，只有康熙皇帝（图10-1）。这一带有些地方因此而流传着一些传说。其中有一种说法，称康熙帝曾经驻跸灰腾梁，于"康熙二十七年（1688年）五月（公历6月）进入现今辉腾锡勒地区巡游"[1]。事实上，这一说法不确。康熙皇帝为了击败

1　政协察哈尔右翼前旗委员会编《察哈尔正红旗苏木考录》，远方出版社，2014年版，第11页。

图10-1　康熙皇帝像

噶尔丹，曾经三度御驾亲征，并在第二次亲征之时驻跸呼和浩特，但并没有巡幸灰腾梁。

需要指出的是，该文引证的史料，是康熙二十七年（1688年）钱良择撰写的《出塞纪略》。此书是钱作为索额图使团成员的出行纪实，而非随扈康熙帝巡幸的记录。

康熙三十五年（1696年）九月十八，康熙皇帝率领将士、贵胄、大臣两千多人，从北京出发，经过昌平、宣化，出张家口，经察哈尔部地界，于十月十三到达时称归化城的呼和浩特。十月廿四，起驾西行，此后在今托克托县河口镇一带渡过黄河而入伊克昭盟。十一月初六，由归化以南两百多里的杀虎口进入口内，经大同，于十一月十九回到北京。这一行程，《清实录》等文献有过记载。康熙皇帝一生当中驻跸归化城仅有这次离京西行这一回，且返京时并未经过归化城。关于这一点，曾经有不同的说法，邱瑞中先生有过辨析[1]。如果康熙皇帝曾经驾临灰腾梁，也只有此次在前往归化城途中才有可能。

那么，康熙皇帝究竟有没有到过灰腾梁呢？我们试作如下分析。设若康熙皇帝曾经到过灰腾梁，必然会在文献中留下记载，特别是《大清圣祖仁皇帝实录》逐日记载，自当巨细靡遗。自出张家口后抵达归化城期间，康熙帝的驻跸之地逐日依次为察罕拖罗海、巴尔哈孙、海柳图、鄂罗音布拉克、胡虎额尔奇、昭哈、河约尔诺尔、巴伦郭尔、瑚鲁苏台、磨海图、喀喇乌苏、察罕布拉克、喀喇河朔、白塔。其中，昭哈以前均属于今河北省地界，从昭哈开始进入今内蒙古境内。

出于征噶尔丹的需要，此时清朝开始设置驿站，自张家口至归化城计程六百余里，设置有六驿，依次为察罕托罗海、叟吉、昭化、塔拉布拉克、穆海图、和林格尔。一般认为，昭化在今乌兰察布市兴和县鄂尔栋镇皂火口村一带；塔拉布拉克汉译为"平地泉"，为今乌兰察布市察右前旗平地泉镇附近；穆海图汉译为"有蛇的地方"，在今乌兰察布市卓资县卓资山镇马盖图村；和林格尔在今呼和浩特市赛罕区黄合少镇二十家子村。

将张家口至归化城六驿与康熙皇帝驻跸地对比，昭哈与昭化为同一地名，磨海图与穆海图为同一地名。大致可以判断，康熙皇帝从张家口至归化城所走路线，与张家口至归化城驿道是一致的。从今兴和县向西翻越低矮的山丘，进入黄旗海北岸，再转至大黑河上游；在今卓资山镇附近，向西由于大黑河河道的影响而变窄，不适合大队人马通行，驿道转向南行，至今卓资县大榆树乡附近再转向西，沿着较为宽阔的山间谷道通向今呼和浩特市赛罕区黄合少镇二十家子村附近，再顺着大黑河抵达归化城。

....

1 邱瑞中：《康熙盔甲与驻跸归化城辨》，《内蒙古师范大学学报》1989年第1期历史增刊。

关于康熙驻跸地的今址，亦可以作一些具体考证。河约尔诺尔为蒙古语"两个湖泊"之意，具体位置在今兴和县与察右前旗之间。现今这一地区多为低矮的山峦，山峦间有依核淖尔、巴嘎淖尔大小两个湖泊，河约尔诺尔即在依核淖尔、巴嘎淖尔附近。北魏时期，将这一南北向的低山丘陵区称作"石漠"，北魏皇帝从参合陂到长川也要途径石漠。巴伦郭尔为蒙古语"西房子"之意，今址约在黄旗海北部一带，察右前旗黄旗海镇今天有名为"大西房"的村子，或即康熙驻跸地巴伦郭尔所在。瑚鲁苏台为蒙古语"有芦苇的地方"之意，其旧址初步推断为位于黄旗海西北，今察右前旗平地泉镇西南不远处的苏集遗址。以前，李逸友先生考证苏集遗址为元代平地县旧址，但后经笔者实地考察，实际是一个清代的驿站旧址。该驿站，或即为清代张家口至归化城六驿之一的塔拉布拉克，康熙驻跸时记作瑚鲁苏台。

从马盖图村向西，康熙皇帝的驻跸地喀喇乌苏约在今卓资山镇附近，察罕布拉克在今大榆树乡厂不浪村一带。喀喇河朔应在今呼和浩特市赛罕区黄合少镇二十家子村东面的石人湾。从石人湾向西，开始走出蛮汉山山区进入呼和浩特平原，石人湾是蛮汉山山间东西向通道与呼和浩特平原之间的一个重要节点。石人湾有辽代的石像生群，有多个时期的古遗址，康熙驻跸地喀喇河朔应在此附近一带。据《元史·仁宗本纪》记载，元代延祐五年（1318年）秋七月，"丰州石泉店置巡检司"。巡检司专司缉捕盗贼，石泉店即在今石人湾，在元代也是一处重要的驿站所在（图10-2）。

关于灰腾梁，康熙皇帝行程中并无片言只语提及，揆诸其他文献，亦无相关内容。灰腾梁彼时属于镶红旗北部地界，虽然康熙帝前往归化城途中的确行经镶红旗地界，但由上述文献分析的结果可知，康熙皇帝并没有巡幸灰腾梁。另外，康熙帝行经灰腾梁南麓（即今天的卓资县境东北部）之

图10-2　康熙皇帝第二次亲征噶尔丹，路径灰腾梁以南驻跸地示意图

时，已经是寒冷的冬天。且此次西行是为了征讨噶尔丹，将士随从既夥，武备补给又难，主观上没有搜阅观览的动机，客观上自然条件也不允许。因此，我们可以肯定地说，康熙皇帝并未到过灰腾梁，而是与其擦肩而过。康熙皇帝从今卓资山镇附近到白塔，路上共走了三天，由此我们联想到，隋代的隋炀帝，带领大队人马，是无法在四天之内从今准格尔旗十二连城到达灰腾梁的。按照康熙的走法，设若隋炀帝要从十二连城抵达灰腾梁，至少需要八天的时间。前文的判断无误。

　　在张家口至归化城驿路的穆海图驿站至和林格尔驿站之间，今卓资县大榆树乡大榆树村内的一棵大榆树，当地人传说当年康熙皇帝曾在树下避过雨[1]。从康熙皇帝的第二次亲征路

1　潘小平、武殿林主编《察哈尔史》，内蒙古人民出版社，2011年版，第1759页。

线来看，大榆树位于驻跸地察罕布拉克与喀喇河朔之间，康熙皇帝的确由此经过，具体时间为康熙三十五年十月十一（公历为1696年11月5日）。康熙或许曾在此逗留，这个民间传说还是有据可凭的。不过，在康熙皇帝行经之时已入初冬，树叶凋零，大榆树根本无法遮风挡雨了；况且，就这一地区的气候来看，进入11月后，只能是下雪而不可能下雨了。民间传说有一定的依据，但又并非完全可靠。当时，这里尚未形成村落。如今，村内东西向主街路南有三株大榆树，中间一株最大，其胸径约6米，高约25米，树冠直径约30米，茵盖苦蔽之处，几近一亩，数百年来历尽沧桑，如今依旧富于活力。大榆树虬枝劲发、扎里扎煞，在当地百姓之中影响极大，被奉为"神树"，时常有人来上贡、膜拜。一年四季哈达纷批，春夏之际绿意盎然，诚为当地胜景（图10-3）。

那么，前文提到的索额图使团一行，包括钱良择等人在内，有没有到过灰腾梁呢？

图10-3　卓资县相传康熙避雨的大榆树

　　我们分析一下索额图使团在灰腾梁左近一带活动的史料，最为引人注目的，当推前文提到的钱良择所写的《出塞纪略》。其中有一段景物记："（五月）十五日丙戌。晓晴。四山清皎，忽有白雾，如匹练萦绕水涯，瞬息间自下而上，弥漫蔽天，对面不相见。食顷而散。轻阴微雨，道旁红花布地，黄花间之，烂若披锦。红者五出双瓣，有花无叶。黄者类金钱菊。尤多薄荷蒿艾，香随马蹄。行五十余里，高山当面，望之无路，近乃岿然中分，两崖壁立，中为坦道，绝无登陟之劳。窈窕盘旋，贯山而进。流泉一道，随路曲折，或左或右，蜿蜒而西。石穴如瓮如屋，不下数十，相传文殊跌坐处也。山上下皆桦木、山杨，其大盈抱。山苍树翠，掩映相属十余里。塞外佳胜，未有过此者。山名柳母陀阿诡，南去大同不远。盖出关路皆西行，至是稍折而西北也。山尽处，憩水边树下。草特肥茂，纵马饱食。有垂钓者，水急不能得鱼。骤雨忽作，旋止。又行二十里，屯迭不逊哥儿，译言山坳也。一山名和硕克，华言肺也；对山名诸勒克，华言心也。盖皆状山之形。山巅有九十九泉，伏流而下，汇为长河，直达归化城。"[1]

　　这一段文字，往往被当成钱良择一行造访灰腾梁的记录。其中描绘的胜景、植被、山水等等，的确与辉腾锡勒草原、黄花沟一带的景色相类。但值得注意的是，钱良择始终没有提到登上灰腾梁。而他所提到的两座山则非常明确："一山名和硕克，华言肺也；对山名诸勒克，华言心也。"诸勒克山即今卓资县梨花镇三道营古城东北约7公里处的牛心山，和硕克山疑即牛心山以西略偏北之大山，今名为"大黑山"，二山均在灰腾梁南麓。今日由三道营古城北望，二山分矗于视线之内，一左一右，甚为显目。古人营宅筑城，往往择形胜之处，襟山带

1　毕奥南整理《清代蒙古游记选辑三十四种》，东方出版社，2015年版，第47页。

河，尤为上选。三道营古城远藉高山、近凭黑河，正是又一例证。五月十五这天，钱良择等人行进大约八十里后屯驻的"迭不逊哥儿"，应该就是在今土城子村（即三道营古城所在地）以东不远处。次日晓行"十六七里，有土城，基址仅存，城门四向，雉堞宛然。土冈横亘城中，若十字。瓦砾布地，空无民居"。三道营古城的布局，正与此相若。

钱良择还说，心肺二山"山巅有九十九泉，伏流而下，汇为长河，直达归化城"。也是他们未曾上达灰腾梁的例证，这句话显然传达出未实地考证的意思。假如确实到了梁上，自然会明白九十九泉的意蕴，而不至于以为泉水汇流而成长河了。

一同出使的张鹏翮《奉使倭罗斯日记》也有相关记载，录此供大家参考："十五日，大雾。行五十里，过三小溪，入山沟。石峰耸峻，涧水绕流。桦木敷荣于山阿，喜鹊翔集于条枝。俄而双雁嘹呖，若告我以塞外奇观也。红花盈畴，远望如锦茵。近视之，一茎四朵，形若萝卜花而十二瓣。……又二十里，次叶不孙郭儿。地稍平衍，清水北流。土人云，心肺二山相连，有九十九泉池。按史，元太宗尝避暑于此。其泉发源官山，流为黑河。再见榆树一株如盖。累石竖旗，云是蒙古祖冢。"[1]"土人云"三字，也足证张鹏翮一行未曾登临辉腾锡勒草原。李逸友先生也指出：张鹏翮、钱良择"他俩记载的行程，就是从北京至张家口，从张家口出塞，进入内蒙古高原，经今察右中旗灰腾梁南麓进入大黑河流域，经旗下营、三道营而进入呼和浩特平原，经万部华严经塔及所在的丰州城址，然后进入归化城。"[2]李逸友先生明确指出，张、钱等人行经的是灰腾梁南麓，并未上梁。不过，李先生的说法略有小瑕疵：应该是经三

---

1 毕奥南整理《清代蒙古游记选辑三十四种》，东方出版社，2015年版，第9～10页。

2 李逸友：《明清时代土默川平原与内地间的交通史迹》，《内蒙古文物考古》1994年第2期，第83页。

10
清代以来的灰腾梁

207

道营、旗下营而进入呼和浩特平原。但这一点并不影响结论。

从以上索额图使团成员的行记来看，大体从卓资山镇开始，与康熙皇帝的出行路线发生了分叉，康熙皇帝走的是大榆树一线，而索额图使团继续沿大黑河而上西行。索额图使团所行大黑河线路距离归化城里程要近一些，但道路逼仄难行。今日京包铁路和110国道、京藏高速公路（G6），走的基本上就是当年索额图使团的路线，穿山越谷之处颇多。

另外，索额图使团当年行经的蒙古高原，极少辟为农地，绝大多数地方，依旧是广袤的草地、原初的山林景观。这与今日这一地区的农耕占有相当比重的情况迥异。

清代大多数时期，察哈尔部所在地域皆为牧场，灰腾梁更是如此。有些地方，一度还是庄亲王、郑亲王等王公贵族的私属牧场。随着清代口外放垦日渐弛禁，进入蒙古草地的汉民越来越多，且逐渐由原来春去秋回的单身"雁行"男子，变为跨年定居、拉家带口的"新移民"。为了应对这一形势，清廷自雍正十二年（1734年）开始，在察哈尔部设置卫所以治之。灰腾梁在彼时属于宁朔卫及怀远所治下，乾隆年间又改隶宁远厅（今凉城县）治下。光绪二十九年（1903年），又将归属宁远厅管辖的科布尔巡司升格为陶林厅，治所设在科布尔（即今科布尔镇），归属于归绥道直辖。灰腾梁大部隶属陶林厅管辖。民国肇建之后，于1912年改为陶林县，灰腾梁又置于陶林县管辖。需要说明的是，这里提到的"管辖"，实际上只涉及这片土地上汉民，在同一个地域内的蒙民，则依旧隶属于原有各旗。这就是所谓的"蒙汉分治""旗县并存"，这种局面，直到中华人民共和国成立之后的1954年方告结束。那一年，绥远省建制撤销，并入内蒙古自治区。全自治区同一片土地上旗县并存者，要么设旗，要么称县，灰腾梁所在区域原属的镶红旗、镶蓝旗和正红旗撤销，分属察哈尔右翼中旗、察哈尔右翼后旗和卓资县。

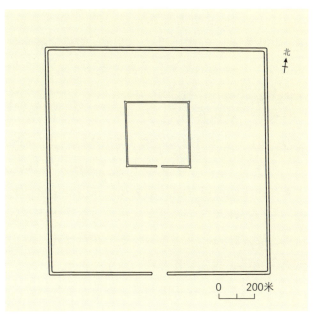

北

0　　200米

图10-4　塔利古城平面图

　　关于"陶林"县名的由来，应该与西汉的陶林县名有承继关系。据《汉书·地理志》记载，陶林县为西汉云中郡属县之一，同时为云中郡东部都尉所在。但汉代的陶林县治所与今天的科布尔镇相距甚远。初步考定，位于今呼和浩特市新城区毫沁营镇塔利村北500米处的塔利古城，为西汉云中郡陶林县治所。该城址分为内、外两城，墙体均夯筑而成，底宽10～15米，残高1.5～3米。外城平面近方形，东西长1263米，南北宽1245米。南墙中部开门，宽约70米，方向为173°。内城位于外城中部偏北处，平面亦近方形，南北长354米，东西宽346米。内城城墙四角有凸出的角台残迹，南墙中部开门，宽约27米。城内地表散布大量陶片及板瓦、筒瓦残片，陶片多饰绳纹，板瓦多内腹饰菱形格纹、外壁饰粗绳纹者（图10-4）。

　　民国时期，灰腾梁的经济依然以牧业为主，兼有小规模农业。值得指出的是，由于土特产众多，采集业也是当地富于特色的产业。

灰腾梁野生动物有狐、狼、獾、兔等，植物以药材较多，其中大黄、黄芪、甘草、防风、柴胡等最为著名。本地消费以外，大多运销北平、天津及享有"药都"之誉的河北省安国县。在这些土特产中，以蘑菇最为著名，因多从张家口中转外运，故而被当作"口蘑"，种类有白蘑、青腿蘑、黑蘑等。据《绥远通志稿》载：灰腾梁蘑菇在绥远地区是最好的，每年可产四五百斤，每斤二元至四元不等[1]。灰腾梁蘑菇生长在原生态环境之中，雨后往往在草地上会涌起一个个蘑菇圈，好似珍珠项链一般，在绿色的草毯之中十分显眼。立秋到白露为采蘑旺季，采后及时晾晒，颜色变深，味道浓郁，肉质细嫩。灰腾梁蘑菇兼具食物和药膳的价值，不论干鲜，都堪称一绝，尤其是与新鲜羊肉炒食，别有一番风味。

陶林设县之后，尽管地处边鄙，亦展开诸多建设事业。此处以几张老照片略作说明，冀望对于了解民国时期的"后山"地带的状况有所谈助。

图10-5是1933年陶林县架设第二[2]、三区[3]长途电话电路的情景。有工人立于搭设的梯子上，斜倚于电线杆子，下边一众人等，身体语言透出一种对新生活的向往和安逸。次年工程告竣，由土牧尔台向西南，经由三道沟、科布尔，继续向西南跨越灰腾梁而至大壕赖，总计130公里。此前在1932年，陶林到集宁的长途电话线路已经先行敷设[4]。

背景中的城垣，应即为陶林县城科布尔的版筑城墙。城墙的修筑，时当民国二十年（1931年）。时任陶林县长卢国

1　绥远通志馆编纂《绥远通志稿》（第三册），内蒙古人民出版社，2007年版，第411页。
2　区公所在今察右后旗土木尔台镇老土牧尔台村。
3　区公所在今卓资县复兴乡大壕赖村。
4　《察右中旗志》编纂委员会编著《察右中旗志》，内蒙古人民出版社，1999年版，第456页。

况實作工話電途長區兩三二第設架縣林陶

图10-5　陶林县架设第二、三两区长途电话工作实况
《绥远建设季刊》第18期，绥远建设厅1934年印行。

卿、驻军骑兵团长史维民督修城垣、城壕，周长4217米，厚
2.7米，高4.3米[1]。该墙垣今日已基本无存，仅在西边临近河
道的地段还有零星断续分布，而且墙垣上部甚薄，大约仅有一
米左右，防御功能不是很强。不过，民国年间灰腾梁上下兵燹
不断，匪患甚炽，城防工事总归有助于一方平安。

　　邮电、交通历来重要。电路既通，交通之改善也势在必
行。由阴山北麓向南翻越灰腾梁抵达阴山南麓的河谷地带和土
默川平原，自古以来就存在着沟通孔道。而地处阴山北麓的科
布尔，在清代成为聚落、集镇以来，逐渐成为灰腾梁一带小小
的交通中心。清代至民国年间，这里就有可供畜力大车通行的
便道数条，其中，由科布尔向东南，翻越灰腾梁而抵达集宁

1　《察右中旗志》编纂委员会编著《察右中旗志》，内蒙古人民出版社，
　　1999年版，第25页；同书第785页又说周长3795.6米，高3.9米。

的一条比较重要。这条路长约65公里，一路上经厂汗营、黑沙图、羊山沟、五道沟、韩庆坝、大土城等地。在五道沟一带，与灰腾梁汉长城交错。民国十七年（1928年），绥远省安排将此大车道改建为可通行汽车的公路，次年试通车[1]。但汽车翻越灰腾梁非常不易——北侧的碾子沟路段容易因融雪、暴雨而被毁，南侧的韩庆坝也是不易通行的陡坡。因此，数十年间很难保障通行，遂有改善原本即有的经由阴山北麓山谷、川地抵达集宁道路的举动。图10-6便是陶林到集宁公路集宁城北之霸王河桥即将告竣的场景，此时正当民国十九年（1930年）。这座霸王河桥如今看来并不起眼，但在当时可以说是控制性工程，可惜这座石拱桥早已被洪水冲垮，且公路走向也迭经改动，如今已难寻遗迹了。

此外，民国二十三年（1934年），绥远省建设厅还曾实施科布尔直接向南翻越灰腾梁直达卓资山的公路工程，穿行九十九泉核心地带。但因为修建难度颇大、人力物力吃紧，两年后方才竣工，且不能保证四季畅通。这两条公路，如今还在使用，均已直接联通高速公路，科卓（科布尔—卓资山）公路则成为灰腾梁旅游区最为便捷的通道。

灰腾梁一带物产丰富，资源众多。除去前文所提及的药材、动植物之外，矿产也值得一提。灰腾梁上的水晶尤其一度颇负盛名，这里的水晶产地集中在黄花圪洞，即今黄花沟地质公园。早在清代末年，这里就时有盗挖水晶事件发生。光绪三十二年（1906年）2月7日，政府派员到察哈尔镶蓝旗十二苏木黄花圪洞界内勘验水晶石矿，并将采集到的矿石共计326斛13两装入两箱，解交商都查验行销[2]。

....

1 《察右中旗志》编纂委员会编著《察右中旗志》，内蒙古人民出版社，1999年版，第3935页。

2 引自《察右中旗志》编纂委员会编著《察右中旗志》之《大事记》，内蒙古人民出版社，1999年版。

图10-6　建筑集陶汽车路之霸王河桥之图景

《绥远建设季刊》第7期，绥远建设厅1930年印行。

地质学引入中国之后，包括大青山在内的阴山山脉也引起了地质学者的注意。李希霍芬、丁文江、翁文灏、德日进、桑志华、丁道衡、王竹泉等学者，都给予不同程度的关注。而在灰腾梁进行实地踏勘者，当首推著名地质学家孙健初先生。

孙健初先生于1897年出生在河南省濮阳县，1927年毕业于山西大学。1938年，历尽千辛万苦，孙先生亲身确证了我国最早的油田——玉门油矿，是我国石油地质的奠基人。曾经在西北地区长期从事地质工作，做出了不朽的业绩。1952年11月，由于煤气中毒而不幸逝世。

孙健初先生因其一系列重大贡献，而被誉为"中国石油之父"。可能因为这一声名所掩，也可能与他英年早逝有关，很少有人知道，这位地质前辈曾与灰腾梁结下不解之缘。

那是在民国十九年（1930年）、二十一年（1932年）、二十二年（1933年），都是春寒料峭时分，他三度前往察哈尔省和绥远省从事地质调查，其中，第二次考察行经陶林，但因

10
清代以来的灰腾梁

213

为军事原因，未能完成调查，于是有第三次绥远调查之行。正是这一次调查，为我们留下了关于灰腾梁矿产地质的珍贵记录。今择其部分记录供我们一窥：

> 黄花各洞宝石矿，在前清末季开采颇盛，当时集宁县土城子耶稣教堂各教友，在黄花各洞附近开采，每人曾得银数百两。其后全形停止。迨民国十四五年，复有人从事开采，到处挖掘，然终以结果不佳而罢，故官厅亦未尝注意及之。最近有丰镇之宝石商人数名，以采药材为名，在黄花各洞取得宝石数百斤，后为他人所知，遂告于建设厅，谓其采得宝石数马车，其价约值数万元，声浪所博，遂致一般人难明真相，皆疑黄花各洞一带，宝藏甚富，争相设法开采者也[1]。

孙健初还提到，黄花各洞出产的宝石，有烟晶、蓝晶以及黄玉。烟晶占八成，蓝晶不到两成，黄玉只有零星产出（图10-7）。其结论是，这些宝石矿原本就发育一般、储量不多，经过前期的采掘，剩余的没什么开采价值。而就近几十年而言，再未有过"水晶洞"的发现。这一点，足证孙健初结论的正确。

《陶林县黄花各洞宝石矿地质图》是孙健初先生历尽艰辛的成果。上面的地名依稀可辨。不过，与今日所称大多有所不同。比如，"草垛山"作"草多山"，"神葱沟"作"葱盛沟"，"蓿麻湾"作"徐马湾"，"黄花圪洞"作"黄花各洞"，"灰腾梁"作"奎腾梁"。地名音转，不足为奇（图10-8）。

1　孙健初：《绥远及察哈尔西南部地质志》，实业部地质调查所、北平研究院地质学研究所印行，民国二十三年（1934年）八月，第56页。

B. Vertical and horizontal joints in massive granite, Huanghuakotung.
黃花各洞花崗岩內之縱橫節理

图10-7 灰腾梁上黄花圪洞出产水晶的花岗岩地貌

《绥远建设季刊》第17期，绥远建设厅1934年印行。

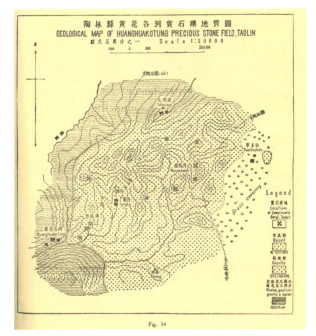

图10-8 孙健初先生所绘《陶林县黄花各洞宝石矿地质图》

孙健初：《绥远及察哈尔西南部地质志》，实业部地质调查所、北平研究院地质学
研究所印行，民国二十三年（1934年）八月，第56页。

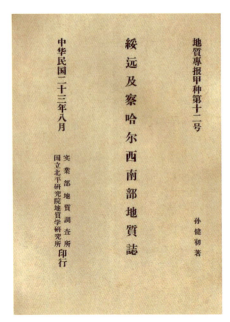

图10-9　孙健初先生所著《绥远及察哈尔
西南部地质志》书影

　　孙健初的绥远地质调查，是受著名地质学家、时任实业
部地质调查所所长翁文灏的派遣，也是受到绥远省建设厅之
邀。当时的孙健初，刚刚三十出头，担任实业部地质调查所调
查员，这是该所职位最低的专业技术岗位。孙先生对此毫不计
较，入职地质调查所满心欢喜。这位初出茅庐的地质学家，
以其扎实的功力完成了这项工作，后人对此有着高度评价：
"调查区域之大，行程之长，考察之细，对所得资料分析论述
之令人信服，在三十年代初期的地质界，确属难能可贵。"[1]
《绥远及察哈尔西南部地质志》，也无疑是"我国区域地质方
面的重要文献之一"[2]（图10-9）。

1　张江一：《孙健初传》，石油工业出版社，1989年版，第28页。
2　王仰之、徐寒冰：《我国著名石油地质学家孙健初学术活动年表》，
　　《中国科技史料》1992年第3期。

孙健初先生在六十多年前，便已经成为天穹之中一颗闪亮的星星，当他俯瞰祖国大地的时候，想必会对灰腾梁予以深情的眷顾。八十多年前的寒风，尚不平静的时局，尽管给他的考察工作制造了诸多磨难，却也成就了他的地质人生的坚实起步。从这个意义上来讲，灰腾梁已经并将永远与孙健初的英名相伴相契。

世事就是如此玄妙：孙健初先生的儿子孙鸿烈院士也是著名地质学家，可谓佳话。

民国时期的灰腾梁，吸引了军人、实业家、学者等等诸多仁人志士。自抗战军兴以来，自然也成为抵抗日寇的战场。走笔至此，不能不提到一位传奇人物——方大曾。方大曾，1912年生于北京，1935年毕业于北平中法大学。1936年11月，绥远抗战爆发，他从已经陷于敌手的冀东赶赴绥远前线，通过《大公报》《世界知识》等报刊向全世界作了战地报道。1937年10月在保定附近失踪，那一年，他年仅25岁。正是在1936年的隆冬时节，方大曾翻越灰腾梁，从集宁赶赴陶林县城，给我们留下了生动的文字，使我们在后来得以真切地体会当时的灰腾梁。《从集宁到陶林》（图10-10）一文中，他写道："'灰腾'是个蒙古族文的形容词，译成汉文就是'冷'的意思。连蒙古人都说这是冷山，自然不能不说是真冷了。到此时，虽然是身穿老羊皮，头戴狐皮帽，脚蹬'哥登咳'（一种俄罗斯式的毡靴），亦不再觉暖和了。"就连与他随行的一位当地士兵，因奇寒难忍而劝说返回，他也依旧没有回头，而是坚定选择了在洪荒风雪之中继续前行（图10-11）。

方大曾当年的路线，出集宁，向西北，经由今察右前旗大土城子，由今察右后旗韩庆坝上梁，复向西北，可能在玻璃脑包附近折向西进，在好来沟独户村避寒，之后经科布尔镇南面的厂汉不浪村抵达陶林县城（图10-12）。在三十年代的寒冬日头甚短、风雪弥漫的条件下，闯进从未对付过的荒原，那是需

「腦包」是我們的救星

在陌生的蠻山峻嶺中我們並沒有領路人有的只是我的方面鑑別力在走過那段絡山道路之後就再也遇不到行旅的蹤跡回之我斷定這是走失了正路我們陷於危險的環境中了然而我們並不著慌我一面估量著山的形勢一面用眼力尋找「腦包」（蒙古人為了辨識山路往往在每側可以通行的山路口上選定一個適宜的山頭堆起一座高高的石頭堆令人從遠處即可望到指示行旅的道路道東就叫作「腦包」）我們慢慢的走我遇常用鎮靜安慰我的同伴事到如今也只有鎮靜才能對付了

山是一個接連一個的滿想走過眼前的峯頭那邊一定就是平原了但每次都只有失望忽然遙遙的西北方果然望出一座「腦包」這簡直是「救星」我急急的策馬趕向那方向上尋到了一條路又返回來報告我那是不動的同伴我們再慢慢的向那一片寬廣的山谷擂在面前在一帶十幾尺寬的冰川北仙隘納的發現了一間土房子再前進一點又看到房頂上居然還冒着煙

隨着狗的吠聲一個房暴跑出來如果是在夏天那真是一個好來歷

忙着溜我們的馬我的衛兵上到炕上去恢復他的體溫過了幾十秒鐘瞳孔漸漸放大了可以看到屋裏有小主人在房外面的柴灶

及坐在炕角上的女主人還有大約是三四個孩子屋子裏我顧除了這些勞的就什麼都沒有了我用單純牧畜為業的蒙古人住來到這蒙古地方已經八年從前這是一片荒原如今已有一部分墾為田了以至經濟生活上總比農業人民落伍一點許多漢人因為内地農村裏無法生活自動的遷移到蒙古來他們只用很有限的鏡或者根本就一文不費的得到了許多豐沃的土地漸漸就把蒙古人擠到更北去這地方叫作好來溝

只有他們一戶人家顧有世外桃源之味如果是在夏天那真是一個好來歷

喝了水吃了乾糧同伴的臉上顯出微微的笑容他得救了

我們終於勝利了

主人說我們走的路很對這是一條對陶林去的小路比走正路還要近得多呢他又告訴我們從這裏往北走着過三岔口走中間那條路越過一道樑就是下山路下了山再經過兩次汗不老及黑稍鑰即到陶林縣城

老主人說我只夠二十里但是他的大兒子則說約須三十里後山的老百姓對於路程的遠近觀念都很模糊的比如明則那是三十里路但是有經驗的旅行者必然再道問他一下「這二十里大不大」他然後才再回答我說：「道二十里可真大足夠三十里遠」

晝長夜短的冬天下午三四點之間已是夕陽時分了現在是人疲馬乏我們又拜辭了好來溝那唯一的主

拍着並且說了許多軍平上的故事趙縣長也是軍人出身的與和縣的孟縣長一樣都是自綏東緊張時才調任的

陶林縣的蒙古原名叫科布兒位置在其近最近的大青山腳住村越大青山到大青塘為九十里目前新修的公路可通這是奥綏道線交通最近的一條路因其東北一百二十里烏花花在西北二百里烏賽山到大青塘為九十里目前的蒙古生活很苦因為其蒙古地方民生很苦因為本地人所食用的胡麻和油麥其油一切用品分為須仰仰給於外來土質的鹹性很大所以道地方生活異常困難多缺少最的胡麻和油麥其油一切用品分為鹹味的旅行者就是美稀家的模範

王贊臣君談到守備的工作他說：「××飛機在前一個月的那會來陶林上宗作整旋行程達數十分鐘之久他們早已佔過這裏的地形和防禦工事再來空襲可以想到這真是一個最嚴重的問題我們沒有飛機沒有高射炮也沒有任何「現代化」的軍事防止攻勢究竟如何抵抗呢後山的地勢奥内地完全不同沒有樹木沒有豐富的農產尤其以飲水

（勒箔紀勝剛編兵六（一個完全發的黄鶯在一個紅牆頭的黄鶯在其東北方一百二十里烏花花在六七年後出身的表面非常漂亮「黄昏為」紙「盜馬賊」因之在他俩自己的軍隊中只流行之道種精吗

最為缺乏之根本就没有法子進行大規模的游擊戰術所以軍事上的爭奪只少數的趙縣城與商都交界在紅松關陶的西北六十里現有陶駐防）北面十幾里路有兩個村子「陶林縣東北邊境有個各花斯台另一個很忘記了」那是慰衛都境界的道兩個村子的民衆前幾天秘密派了代表到陶林縣來訴節謝慰問他們的圖只出人來就得到三地鏡的閒肠人民受其福識貧乏不甚受最勞職軍進把他們打走進且全體老百姓要為陶的圖只現在却沒有命令不能向商都城内推進眼看着我們同胞遭内圍兇的跟前受敵人的摧殘道真是傷心的事

我在街頭和民衆同誼他們都以為我是軍人很關心的向我打趙黄馬隊與黑馬隊的行踪因為道地方難別時一月十日（這是我來陶林之第三日）的早晨我又要向更遠的地方走去了從集寧就要相距尺的跟着趙黃馬隊黑馬隊的撥藏道真是傷心的事
六十里現有陶駐防）北面十幾里路有兩個村子「陶林縣東北邊境有個各花斯台另一個很忘記了」那是慰衛都境界的道兩個村子的民衆前幾天秘密派了代表到陶林縣來訴節謝慰問他們的圖只出人來就得到三地鏡的閒肠人民受其福識貧乏不甚受最勞職軍進把老百姓要女送陪伴如果交不出人來就得到三地鏡的閒肠一百名穆王的騎兵每天都向老百姓要女送陪伴如果交不出人來就得到三地鏡的閒肠他們打走進且全體老百姓要女送陪伴

趙縣長請我一個消息說在土木耳斤「陶林縣東北邊境」一個佃與商都交界在紅松關陶的西北北面十幾里路有兩個村子「一個叫各斯台另一個很忘記了」那是慰衛秘密派了代表到陶林縣來訴節謝慰問他們的民衆前幾天秘密派了代表到陶林縣來訴節一百名穆王的騎兵每天都向老百姓要女送陪伴如果交不出人來就得到三地鏡的閒肠他們的圖只現在却沒有命令不能向商都城内推進眼看着我們同胞遭内圍兇的跟前受敵人的摧殘道真是傷心的事

我在街頭和民衆同誼他們都以為我是軍人很關心的向我打趙黄馬隊與黑馬隊的行踪因為道地方難別時一月十日（這是我來陶林之第三日）的早晨我又要向更遠的地方走去了從集寧就要相距尺

官長對我的多方照顧和殷勤

氣候是遇發冷了趙縣長我再多住兩天或把這幾天成常的日子度過再等到大風霽微停一停就可以暖和一點像今天這大氣絕不可行道路的然而我絕為無論什麼難事只要有勇氣越過去也都很容易解決大土城子時聽說大風雪日要有勇氣越過去也都很容易解決的不會發現他的容易為這是雙關的問題。

別了陶林我要由道裏再往西北進發。一九三七、一七補記於北平（本文為小方君所作轉載自世界知

為他不能有抵抗這裏的黄風所以有一隊兵将着我們那西馬把他送到集寧去又山城的岔氣因為他不能有抵抗這裏的黄風長另借給一匹快馬我就不出人来的囚集寧去把送到我和山城一個兵将我又要向更遠的荒路的竟然表心我的朋友難別時一月十日（這是我來陶林之第三日）的早晨我又要向更遠的地方走去了從集寧就要相距尺長的道路讓另借給一匹快馬只一位鄉士誤送出外趙縣長道派了一位鄉導八行我為道要特別感謝的就是王詞

图10-10　方大曾所著《从集宁到陶林》

原刊于《世界知识》五卷十二号，采自丁君匋编《今日的绥远》，民国三十六年（1937年）九月，上海三江书店，第168~176页

形。

命前的俄羅斯的農村裏也許就有這同樣的味兒吧！但不知究竟在什麼時候我們才能追上如他們見在的情

教堂的正門外橫着一帶寬圓的泳河在它的西南端有一處泉水從泉水出來的水經過教堂前往東流去，直流到馬達灘那方面有個小小的洋子把瓦水存留起來村民們在冰上鑿個洞口，來一桶不隔的到那裏去汲水遺帶的風景很美麗假乎專為旅行着的欣賞而設備的。

攝影工作完了又承虚正民司鑄請吃了早飯今晚預備趕到距離此地八十里的陶林縣所以未敢久留在十點鑪的時候我和衞兵又走上這可怕的征途了。

冽風中越灰騰梁

因為天冷的關係着常兄鷗告我最好改變路程先問集寧去再乘火車到綏逸城由那泉栗乘汽取到百靈廟，痛苦我覺得他的方針很對不過我因急於要知道綏北戰役後的情形與多接觸那些蒙右同胞所以對少數冷的針畫還是求便變更，我們分別的時候他這叮囑着說：「到了陶林如果風大最好這是回來在我這裏多住兩天」我眞是感謝這位從四川來到蒙古獻身於牧畜事業的青年朋友。

出了圖麓往西北方進行，不遠到韓慶壩，過走這個壩口就走進綿延六十里的灰騰梁了這是屬於太清山的一個段落過去即為「後山」地界了樓說到了那裏天氣又比山南而寒冷多了後山的老百姓一個山峯或山坡都叫作「梁」梁者山也凡是艱難的山道之北的出口處都名為「壩口」果然當我們一過了韓慶壩逃路也一步一步的艱難了風也猛然的狂暴起來了面前擺着毫蕪把握的前程。

「灰騰」是個蒙古文的形容詞譯成漢文就是其冷了到此時雖然是身穿老羊皮頭戴狐皮帽腳蹬「哥登暖」——（一種俄羅斯式的靴）亦不再覺燠和了行行復行行穿山過嶺越冰川十餘里我們追上一羣運貨的牛車隊，他們正在和一個上山盤繞着的車夫都合力集中的推着最前面那輛車就助這牛把車拉上盤道直至上面的平路

我的衞兵身體較弱又是第一次到塞北來的南方人他實在受不過這樣的嚴寒了這常的下等步行但好向後轉囑咐我說：「我們回去吧！」這時我心裏感覺非常難過為這樣的顧念我的同伴果眞就得向後轉囑我由上城子出發現在又只走了兩個鐘頭如果隨着風回去走了兩個村莊的事我考慮了一下只好對他說：「你的身體不行不可勉強的你回到我王主任那裏去吧我一個人今天一定得趕到陶林不會遇到什麼危險的。」他看我的意志很堅決囒後又咬着牙跟我一同前進了。

人我們已增加了靳的勇氣我總過了幾座山頭再登現了一個「腦包」走過它去果然前面就是一片平原村莊也多起來了西北的紅光是在黃昏特別旺盛的地方或作一塊人煙的紅光襯着一魂特別旺盛的地方我同作的精神也突然燠發慢慢的黃昏馬了下了山當很到山脚下再騎上馬後就飛快的奔向陶林去每當黃昏時分總是喜歡飛跑的黑黑裏我們憑着自己的衝勁向日的地和守城兵答了話今天的辛苦總算告一段落在我們勝利了。

陶林見聞

到陶林的這天晚上宿在騎兵第二師副官處第二天早晨副官長王仲芳先生拿着我的片子去報告孫長勝師長回來告訴我說：「師長出去了」我以為師長的架子一定很大難道是不願意見新聞記者嗎隨着他他每遇着特別冷的天氣就出去鍛錬！

又說：「今天是數『三九』的第二天遠還是頭一次這樣冷我們師長天遠未亮就騎馬上城外溜圈子去了。」

過了差不多半個鐘頭的樣子孫師長回來了我們得晤面暢談他今年五十七歲是個老英雄白石山東出好漢他就是秦瓏的同鄉打百靈廟的時候他也是勇將之一陷後又鳥嚕花腳滅王英匪軍之後即駐防陶林這次綏北戰役大家都知道只是克復了百靈廟和大廟然而實際上我們軍隊在那廣漠的草原上

這經過了一個很長時間的堅苦戰鬥，才把綏北那些戰爭的情形總覺得其不忍的但和他們艱第二蒙古草原是非常的寒涼荒涼在這地帶少幾乎就沒有避樂的能力第一是因為穿的衣服不好走路會勤第三是因為綏途荒涼步兵的行軍迷率太慢半天就可到了。

在綏東綏北的兩度大戰中騎兵二師的傷亡是最大的全師有六連三團其中就有一位連長亡一位連長和一位團長陣亡

隨後我又列舉第二師第六團張申第九團張申那些團張申在紅格爾圖保護我們他的頭腦上用布條纏着這還是在紅格爾圖戰役時所受的創傷敵人攻綏紅格爾圖的時候他正駐防卓賢山因為彼時紅格爾圖只有一個人力防守所以他遠派人晝夜馳往盧榧他率領着馬隊（？）兩天兩夜的三百里路到達高家地在那裏奧與另外的兩團步兵會合於夜間攻入王英的司令部解救了紅格爾圖之國

從張團長那裏聽出我就去拜訪陶林縣縣長趙昂銘及守河司令王贊臣水他們同我到街市上及城垣上

A. View looking north from edge of Hanchingpa towards its head, Chining.
集寧縣北漢慶壩山景

图10-11　孙健初、方大曾曾经翻越的韩庆坝

孙健初：《绥远及察哈尔西南部地质志》，实业部地质调查所、北平研究院地质学研究所印行，民国二十三年（1934年）八月，图版七。

图10-12　方大曾拍摄的陶林县政府大门

内蒙古乌兰察布市文化产业研究会编《方大曾绥远之行——1936年乌兰察布掠影》，世界图书出版上海有限公司，2016年版。

要相当勇气的。方大曾在陶林县城的见闻，也为我们了解日寇侵凌下的灰腾梁周边情况提供了鲜活的资料。

　　几乎就在方大曾失踪的同时，灰腾梁南北也陷入了日寇的铁蹄之下。民国二十六年（1937年）9月26日，日军攻占科布尔镇，陶林县遂告沦陷。次日，日军分别占领科布尔镇南4公里处的西北图山、西30公里处的阳弯子山，北25公里处的黑山子，东30公里处的宏盘，切断交通要道，并开始修筑碉堡，设置军事据点。灰腾梁上的草帽山、大南沟、小南沟、转山子等村落，也成为日伪据点。民国二十七年（1938年）9月5日，越过平绥铁路北进的大青山抗日游击队第四支队，在李井泉带领下，首战科布尔，歼灭日伪军一部，由此揭开了大青山地区抗日游击战争序幕。民国二十八年（1939年）7月，日军出动三辆汽车，直扑灰腾梁上今金盆乡小珠莫太村，屠杀赵天虎等7名群众，又添一桩血案。民国二十八年（1939年）12月，陶林县动委会配合骑兵支队，先后拔掉灰腾梁上的数个日伪据点。民国三十年（1941年）2月，大青山支队骑兵二团在灰腾梁上今乌兰哈页苏木小南沟与日军交战，二团团长王贤先光荣牺牲。3月，大青山支队及抗日游击队在灰腾梁北坡的南水泉击毁日伪军汽车10辆。民国三十一年（1942年）秋，杨植霖在灰腾梁上灯笼素村（亦称灯楼素村）蒙古族群众武策劳家指挥蒙汉抗日游击队与日军作战[1]。自绥东抗战开展以来的九年间，以武策劳为代表的蒙汉各族群众，在沦陷期间为反抗日本侵略、争取独立解放，配合革命武装，做出了巨大贡献。中国军民在灰腾梁上的抗争，将永远铭记于史册。

1　本段内容主要来自《察右中旗志》编纂委员会编著《察右中旗志》之《大事记》，内蒙古人民出版社，1999年版。

结 语 11

阴山山脉东西绵延千余里。在小比例尺的中国地形图上，这个山系被标作一根直线，横亘于中国正北方，普普通通。然而，一旦走进阴山山脉，进而了解阴山山脉，你就会发现，其复杂程度远超于你的想象。汉代以来，河套地区的阴山山脉依据其与黄河的位置关系，被分作阴山、阳山。阴山之南从西向东有土默特平原、乌兰察布丘陵和黄旗海盆地；阳山之南有后套平原；阴山和阳山之间有明安川、小佘太川等谷地、平川。山复杂，山前、山后的地理环境同样复杂，多样的地理环境，造就了历史上多样化的生业方式，渔猎、农耕、游牧在这一区域之内错综分布。

目前，历史、考古及地理学界，对阴山山脉的研究均比较缺乏深入化成果。阴山的地形如何构造？阴山之中有多少条南北向通道？各个历史时期阴山的地位与作用如何？阴山之中各个时代的文物古迹分布状况怎样？凡此种种，足以构成新时代的《天问》，但其答案均较为模糊。可以说，对阴山的研究，是一个大课题，也是一个需要多学科合作的课题。

灰腾梁作为阴山山脉的东段，总体而言较为广阔平坦。如果将阴山比为一条横卧的巨龙，则灰腾梁可视为龙首所在，中段的大青山、乌拉山、狼山等山系可谓龙脊昂扬，到今阿拉善盟则有哈鲁乃山、雅布赖山等低缓山系颇似龙尾。灰腾梁上的辉腾锡勒草原，九十九泉明眸清扬，可视为龙睛（图11-1）。

《魏书》将灰腾梁概称为武要北原，而将辉腾锡勒草原称作九十九泉。传说时代的拓跋鲜卑，曾经"统国三十六，大姓九十九。"九十九是拓跋鲜卑的吉祥之数，"九十九泉"这一令名也借此吉祥意蕴，一直流传了下来。

九十九泉是灰腾梁的精髓，从历史上一直到现在，辉腾锡勒草原始终是灰腾梁的核心所在。灰腾梁汉长城防御的重心在于九十九泉，北魏烽戍遗址则在九十九泉地区形成了双重的

图11-1　灰腾梁

全面保卫，此后几朝帝王巡狩、驻跸于九十九泉。今天兴建的旅游点也多依托于九十九泉，风力发电机则占据了湖泊旁侧的一些小山包，而位于灰腾梁汉长城沿线的小山包往往也是当年烽燧修筑的最佳地点。

目前，灰腾梁上风力发电、旅游业的发展势头迅猛。我们每次登梁，感慨于草原壮阔美景的同时，对辉腾锡勒草原保护的隐忧长时间难以释怀。风力发电机占据了灰腾梁之上的几乎所有小山包，在树立电机时，往往将山包夷平，一些烽燧就这样被风力发电机取代。每一座风力发电机，都要通一条土路，便于日常维修保养；都要挖一条深沟，铺设线路；都要凿挖直径深度均达数米乃至十数米的基坑，方可起竖塔架（图11-2、图11-3）。草原上的游牧民，即使在草原上挖一锹土，之后也要将草皮重新覆盖上。而一些无良的风电企业，对挖掘的沟壑用土一填了之，在绿色的草地上形成一道道黑色的伤疤。风电业、旅游业形成的道路，将整个草原切割得支离破碎。新兴的太阳能光伏发电继风力发电之后也姗姗登梁，直接的后果是大片的草地将不再碧绿，即使盛夏时节也是一片枯黄（图11-4）。

　　如果再这样无节制地开发下去，辉腾锡勒草原将消失于我们这一代人手中，九十九泉也许会完全成为历史的传说（图11-5、图11-6）。如今，九十九泉绝大部分已干涸，只有湖底的青草颜色较深，而其周边一圈圈灰白、灰黄的印记则显示了原来湖泊的水位线（图11-7、图11-8）。九十九泉的干涸，当然主要是气候环境变迁使然。杨志荣先生20年前考察了九十九泉中的调角海子等湖泊，从自然地理的角度阐发了学理判断，环境变迁的自然因素无疑是决定性的因素[1]。但另一方面，湖泊的萎缩、消失，也与灰腾梁周边山体的采矿、取石等工业活动直接相关。如果将灰腾梁比作一个大脸盆，九十九泉就是脸盆中的水。现在，在这个脸盆上凿了很多小眼，水怎么可能不流掉呢！据生物学家1996年的调查统计，灰腾梁之上有43种鸟类活动，包括留鸟13种，夏候鸟30种[2]。20世纪六七十年代，家养蒙古百灵雏鸟是当地百姓常见的养殖活动，对于家庭经济也不无小补。但如今，无水的灰腾梁"千山鸟飞绝"，我们在长城调查途中已很难见到一只鸟了。

1　杨志荣：《中国北方农牧交错带环境演变综合研究》，海洋出版社，1999年版。

2　邢莲莲、杨贵生：《内蒙古辉腾锡勒地区鸟类研究》，《内蒙古大学学报》（自然科学版）2003年第6期。

图11-2　灰腾梁上密集的风力发电机

图11-3　灰腾梁上修建的风力发电厂

图11-4 灰腾梁上新建的太阳能光伏发电

图11-7 罕见的一片水域

图11-5　梁上近于废弃的村庄

图11-6　灰腾梁上阡陌交通

图11-8　五道沟长城2段墙体穿越湖泊，湖泊原水位线明显

图11-9　察右中旗文物工作者树立长城保护标志

图11-10　察右中旗树立的"犯长城者，
虽远必究"保护标志

　　九十九泉地貌的形成得益于火山喷发，草原顶层覆盖的是腐殖质黑土，黑土之下即是火山岩。如果将这薄薄的草原黑土层破坏掉，火山岩便暴露了出来。《魏书》记载，道武帝拓跋珪于天赐三年（406年）八月"丙辰，西登武要北原，观九十九泉，造石亭，遂之石漠"。石漠已被考证为分布于今乌兰察布市察右前旗与兴和县之间、岱青山以北的南北向山系。石漠是不是就是火山岩裸露的山峦呢？无度开发的辉腾锡勒草原，结局也将是石漠。

　　对于灰腾梁的工业发展与旅游开发，地方政府的目的是发展地方经济，但是以破坏环境为代价的经济发展到底值不值？习近平总书记指出："我们既要绿水青山，也要金山银山。宁要绿水青山，不要金山银山，而且绿水青山就是金山银山。"习总书记的指示，是最准确的答案。

　　为了保护灰腾梁汉长城，察右中旗文化文物部门在长城沿线树立了大量保护标志碑（图11-9）。有的标志碑写的是长城墙体、亭障名称，有的标志碑则书有："犯长城者，虽远必究"这样的文字（图11-10），显示了地方文化文物部门保护祖先遗留下来的珍贵文化遗产的决心。与灰腾梁汉长城相关的各级文化文物部门都应当行动起来，在保护长城的同时，我们也可以减少一些对灰腾梁的进一步开发与破坏行为。

辉腾锡勒是乌兰察布市市级自然保护区。从自然保护区的角度出发，是不是也应控制工业和旅游业呢？辉腾锡勒草原适宜旅游业的发展，但是不是也要有一个合理的旅游规划呢？我们不是旅游专家，但有一些简单的设想：梁上不允许建设永久性旅游建筑，旅游点只建蒙古包等可移动设施；游客在公路边下车，然后换乘环保车辆进入景区，旅游点提供一些简单的蒙古族传统饮食、骑马游玩等娱乐服务；一些大型的旅游活动，如篝火晚会之类的，均安排在梁下进行。总之，应该从保护草原出发，不能因为开展旅游业而破坏了草原的原始风貌（图11-11）。

灰腾梁及其周边地区蕴含的历史文化底蕴是非常厚重的。我们的调查与研究只是迈出了一小步，很多内容仍值得进一步探究，很多历史信息还有待还原。从另一个方面来讲，九十九泉固然重要，但其历史地位也不能被无限制地放大。从整个阴山山脉及其山前的河套平原地区来看，今天的呼和浩特平原在历史上无疑长期处于中心地位。

清代晚期开始，汉族移民大量涌入阴山南北，尤其集中于河套地区，从事农耕开发。阴山山脉以南的草原，大部分被开辟为农田。随着近现代以来城镇的大规模兴起，特别是

图11-11　灰腾梁上大规模的旅游点

改革开放以来，旅游日益成为国人迫切的需求，也是国家重要的经济增长点，草原逐渐成为城市居民的休闲度假之地。在这种情形之下，几乎保持了原始草原风光的辉腾锡勒草原成为城市人向往的乐园，甚至被冠以"天堂草原"的美誉。2014年，乌兰察布市又被中国气象学会赋予"中国草原避暑之都"的称号。辉腾锡勒草原则是这个"避暑之都"的核心区域，越发成为重要的旅游目的地（图11-12、图11-13）。

在古代，河套地区没有进行大规模农业开发之时，辉腾锡勒草原和周边草原的环境差异并不是很大。今天，河套平原皆为城镇、乡村，田畴密布，而辉腾锡勒草原则保持了相当程度的原生态，于是造成了一种古今所见环境不对称的现象，使得辉腾锡勒草原在现代人心目中的价值陡升。今天，有些观点倾向于将一些重大的历史事件、重要的历史人物与灰腾梁相比附。究其原因，与这种心理不无关系。

图11-12　草原上的农田

图11-13　花儿盛开的灰腾梁

　　总之，对于辉腾锡勒草原历史的研究，必须科学地辨析史料记载，结合考古调查成果，予以客观认识。综此，可以将辉腾锡勒草原曾经发生的、有史可循的历史大事和本次长城调查的重要考古发现，概括为以下四个要点：

　　西汉武要北原长城要塞，
　　北魏皇帝巡幸阴山驻跸之所，
　　辽朝兴宗河曲之战集结大军之地，
　　大蒙古国窝阔台汗征金九十九泉行营。

　　我们也是本着实事求是的原则探赜索隐，希望能对推动相关研究有所裨益。同时，也希望有助于灰腾梁所在地区的发展。诚如是，则实感幸甚。

后记

　　1996年夏天，我大学毕业，分配到内蒙古自治区文物考古研究所工作。刚上班的那一段时间，正值郭素新先生在主持编撰内蒙古自治区第二次全国文物普查的成果《中国文物地图集·内蒙古自治区分册》（以下简称《地图集》）。我的大学老师徐基先生和田广金先生、郭素新先生都是北大同窗。我回内蒙古工作，徐先生给郭先生打过电话，讲了我的学业情况，让郭先生多关照。我到所里拜会郭先生之后，她让我帮她校对一些《地图集》的条目。那时还是手写，我按着她的要求誊抄，大约做了半个多月。

　　其中的一天，李逸友先生来到《地图集》编辑部，和郭先生交流内蒙古长城情况。郭先生委托李先生撰写《地图集》中的长城部分，李先生认为"二普"各盟市调查的长城有很多疑点，需要重新实地踏勘。李先生的调查成果，成为此后相当长一段时间内内蒙古长城研究指南，也是我们开展长城资源调查工作的主要参考资料。

　　郭先生把我向李先生作了介绍。其实，早在1994年在济南召开的中国考古学会第九次年会上，我就见过李先生。只不过他年事已高，而当年的我还只是个大学生，李先生难免记不清楚。而这次李先生知道了我的老家是卓资县，就说，他近期在写一篇灰腾梁的文章，关于九十九泉。我当时对灰腾梁之上的文物古迹一无所知，对李先生只有满腔的敬佩。李先生写的文章，应该就是发表于《内蒙古文物考古文集》第二辑之上的《内蒙古史迹丛考》一文，其中第二部分为"九十九泉及三道营古城考述"。在这篇论文中，李先生论述了三道营古城为汉代武要县治所，考证了辽、金、元、明、清等朝代关于九十九泉的史料记载，不过尚未提出九十九泉北魏御苑遗址的观点。

受郭素新先生的委托，年近七旬的李逸友先生于1996年、1997年期间实地调查了很多长城，其中包括灰腾梁之上的长城。在这次长城调查之行后，李先生才首次提出了北魏御苑的观点，并形成《北魏九十九泉御苑遗址》专

调查队员测量长城沿线遗迹

文。李先生是内蒙古地区历史时期考古的奠基人之一，是全区文物考古工作者敬仰的前辈专家学者，在全国考古学界也有很高的知名度。我们今天开展的长城资源调查工作，如果没有李先生的调查研究成果作铺垫，其困难程度将是不可想象的。他的"北魏御苑"说提出以后，基本上没有受到质疑，几为定论。但是，智者千虑，难免一失。今天看来，李先生当时的结论与遗存本身错位很大。

灰腾梁相关遗迹既为"北魏御苑"，则自然不是长城。受此论点的影响，所以在长城调查中我们并没有对灰腾梁汉长城作专门调查。后来，2013年的夏天，我从北京大学城市与环境学院访学归来，路过乌兰察布市，与包头市文物管理处副主任苗润华研究员、乌兰察布市博物馆原馆长王新宇副研究员、馆长助理李恩瑞副研究员等同仁，对灰腾梁之上的墙体、亭障等遗迹作了仔细踏勘。从多年长城调查的认识出发，断定这就是汉长城。

2013年7～8月，按照国家文物局长城资源调查的相关规程，我们对这段长城作了调查。2014年夏天，国家文物局派专家对这段长城作了现场认定。2015年初，国家文物局下发了《关于内蒙古自治区乌兰察布市灰腾梁西汉长城认定的批复》（文物保函【2015】61号）文件，灰腾梁汉长城有了明确的"身份证"。

灰腾梁汉长城分布于卓资县、察右后旗、察右中旗等三个旗县。国家文物局发文认可之后，察右中旗文化文物部门的保护工作最为积极主动，开展日常巡护，设置监控设施，树立保护标志。近几年来，灰腾梁之上的风力发电企业、旅游产业发展很快。为了防止灰腾梁汉长城在经济建设中遭受破坏，引起地方政府、文化文物部门和公众对保护灰腾梁及其周边地区历代文化遗产的重视，我们决定编写这部《辉腾锡勒草原访古》。本书的编撰者也是怀着对草原及草原文化遗产的挚爱，尽己所能，投入这项工作之中。出于进一步完善资料的目的，2016年夏天，我们又对灰腾梁汉长城作了一次全面复查，新发现部分遗迹，对灰腾梁汉长城的防御布局有了更为全面深入的了解，并认定了属于北魏畿上塞围的烽戍遗迹。在2013年、2016年的两次实地调查中，乌兰察布市博物馆、察右中旗文物管理所均予以大力配合，参加人员主要有张文平、马登云、丹达尔、七十四、李化冰、李恩瑞、白志文、刘雪峰等。在2016年的调查中，内蒙古自治区文物考古研究所信息中心主任岳够明副研究员、技术人员徐焱等，对部分遗迹作了航拍。本书的撰稿，主要由内蒙古自治区文物考古研究所副所长张文平研究员、中国文物信息咨询中心咨询部袁永明副研究员完成；内蒙古自治区文物考古研究所丹达尔馆员、马登云助理馆员协助撰写了"灰腾梁汉长城""魏晋北朝时期的灰腾梁"章节，并完成了复查、摄影、绘图等工作。最后，张文平对全书作了总的统稿工作。

本书的完成，离不开前人的众多研究成果。实地调查者之中，除李逸友先生外，突出的还有高旺先生。高旺先生作为一名长城爱好者，自费调查了灰腾梁长城，并认识到其为长城且有成果发表，可谓筚路蓝缕，功不可没。内蒙古师范大学的几位历史学者，在历史学研究方面对灰腾梁贡献颇多。虽然本书中的一些观点和他们有所不同，但他们很多开创性的研究工作是非常有价值的。本书如果能有一点儿学术

调查队员认真记录遭损毁的烽燧

上的创见，只是由于我们站在了前人的肩膀之上。

　　此前，我们发表有灰腾梁汉长城的调查成果。在《中国文物报》（2013年12月20日）发表了《对于内蒙古自治区文物保护单位"北魏御苑遗址"的新认识》的专文，在《边疆考古研究》（第18辑）发表了《内蒙古乌兰察布市灰腾梁长城调查简报》，在《朔方论丛》（第五辑）发表了《乌兰察布市灰腾梁长城调查的新收获》。随着认识的不断深化，以前发表的这些成果当中，有个别地方与本书中的观点有所差异。对于这些偏差，均以本书为准，同时也为我们治学的纰漏向读者致歉。

　　本书的出版，如果能够对灰腾梁、辉腾锡勒草原以及分布于灰腾梁之上及其周边的历史文化遗产的保护产生一些积极效应，则是我们最大的心愿。

原自治区文化厅副厅长、文物局局长刘兆和先生考察灰腾梁汉长城
（左起：刘兆和、刘雪峰、张文平）

在调查工作中，原自治区文化厅副厅长、文物局局长刘兆和先生亲自登临灰腾梁，与调查队员现场考察、探讨，对调查新认识予以高度评价。调查工作结束后，刘兆和先生经常问询研究进展情况，时时予以鼓励。刘兆和先生平易近人、提携后进的学者型领导风范，为后学晚辈树立了学习楷模。本书成稿之后，刘兆和先生不吝赐序，对我们完成的第三次全国文物普查工作、长城资源调查工作均予以了很高评价，鞭策着我们不忘初心，继续前行。

还需要特别说明的是，2007年，国家文物局部署启动了全国长城资源调查项目。内蒙古自治区文物局将内蒙古境内的长城资源调查任务交由内蒙古自治区文物考古研究所协调组织完成。时任内蒙古自治区文物考古研究所所长的塔拉先生，将这一项目交与我主持。10年下来，我从对长城懵懂无知到小有所获，都离不开塔拉先生的信任与支持。本书的出版，也是向塔拉先生所做的一个阶段性汇报。

2012年下半年至2013年上半年，作为内蒙古自治区党委组织部选派的"西部之光"访问学者，我在北京大学城市与环境学院访学一年。一年的时间虽然短暂，但我在导师唐晓峰先生的耳提面命之下，对自己从事的长城调查工作在研究方面仿佛突然开窍了，新的思路、新的认识喷薄而出。对灰腾梁长城的新认识，就产生于从北京大学访学归来的途中。唐先生在历史地理学方面的造诣，我只有仰望的份儿，不敢妄加评论。本书成稿之后，唐先生亦为赐序，可谓字字珠玑！

2015年夏天，唐晓峰先生一行考察和林格尔土城子古城遗址
（左起：张龙凤、张文平、张木生、李零、唐晓峰、李强）

后
记

承蒙文物考古界前辈，河北省文物研究所张守中先生以八秩高年惠为题签本书书名，至为感佩。

最后，感谢内蒙古自治区文物局副局长王大方先生、文物管理处处长陈雅光先生，内蒙古自治区文物考古研究所原所长陈永志先生、内蒙古自治区文物考古研究所现任所长曹建恩先生，对灰腾梁调查工作及本书出版的支持。感谢所有关心与支持长城资源调查的领导、同事与朋友们。

张文平

2017年4月